集人文社科之思　刊专业学术之声

集 刊 名：燕赵文化研究
主办单位：河北大学文学院
主　　编：田建民
副 主 编：田小军
执行主编：高　永

YANZHAO WENHUA YANJIU

第2辑

集刊序列号：PIJ-2019-368
中国集刊网：www.jikan.com.cn
集刊投约稿平台：www.iedol.cn

河北大学 2019 年部省合建——优势特色学科建设项目

燕赵文化研究

第2辑

YANZHAO WENHUA YANJIU

河北大学文学院 编

社会科学文献出版社
SOCIAL SCIENCES ACADEMIC PRESS (CHINA)

目　录

·域外博览·

·访谈随笔·

·莲池书苑·

《燕赵文化研究》第 2 辑
第 1~7 页

新见燕王䂮兵器考证两则[*]

张振谦^{**}

摘　要： 自燕易王以降，史料中战国时期的燕王世系是清晰完整的，但是，传世文献之不足致使有些燕王名字缺失，有谥无名。相反，在出土的燕王兵器铭文中，燕王皆有名无谥，这就需要对这些出土的燕王名作进一步的考证。通过对燕王戈铭文中的"称谓""动词"及其"数量占比"等进行统计研究，得出"郾王戎人"即燕惠王，"郾王詈"即燕武成王。通过对两件新出土燕王兵器铭文的研究，得出"郾王詈"应读为"燕王䂮"。

关键词： 燕王兵器　燕王世系　燕王戎人　燕王䂮

燕王兵器的铭文格式、书写用字都有着独特的地域性特点，是研究战国文字的重要资料。燕王兵器皆以燕王为监造者，燕王名直书其上，是研究燕国世系的重要文献，具有重要的史学价值。十年郾王詈造行议鋋和郾王逗矛是新近面世的两件燕王兵器，其铭文对于燕王名的研究具有重要意义。下面对这两件兵器铭文及相关问题试作考证，以求证于方家。

一　十年郾王詈造行议鋋

达观斋藏有一件十年郾王詈造行议鋋，内正反两面共铸铭文 17 字。^① 其正面

---

* 本文是国家社科基金一般项目"燕系文字材料的整理与研究"（项目批准号：13BYY105）、河北省社科基金项目"燕系文字材料的整理与研究"（项目批准号：HB13YY024）的阶段性研究成果。

** 作者简介：张振谦，河北大学传世字书与出土文字研究中心、河北大学文学院教授。

① 徐占勇、傅云抒：《有铭青铜兵器图录》第 1 号戈，河北美术出版社，2016，第 2~3 页。

铸铭 9 字："十年，郾（燕）王詧恧（鑄）行議（儀）鏃（戠）。"背面铸铭 8 字：
"右御攻（工）君（尹）匜，丌（其）攻（工）中。"铭文拓片如下：

图 1　正面   图 2　背面

　　其格式为典型的燕系铭文三级监造形式，"燕王"是监造者，"工尹"是主办
者，"工"是制造者[①]。"行仪"是"燕王的侍卫之类……大概是一种仪仗队伍的
名称"[②]。"詧"为燕王名，"匜"为工尹名，"中"为冶工名。

　　目前见到的与此戈铭文格式类似的燕王詧戈已有三件，但皆无纪年。《殷周金
文集成》11243、11244 燕王詧戈铭文皆为"郾王詧恧行議鏃，右攻君□，丌攻
眔"，《殷周金文集成》11350 燕王詧戈铭文为"郾王詧怎（作）行議鏃，右攻君
青，丌攻豎"，可资比照。

　　据史书记载，战国时期燕易王始称王，其后又有六位王，按照顺序分别是：
燕王哙、燕昭王职、燕惠王、燕武成王、燕孝王和燕今王喜。出土文献则是从郾
王职才开始称王的，这是出土文献与传世文献的一个不同之处。

　　燕系兵器铭文分为两大类，一类是燕王兵器，铭文标有燕王之名，燕王为
"名义监造者"；另一类是非燕王兵器，铭文不标燕王名，而是"多载官名，显然
是王室以外的兵器"[③]。燕王兵器铭文多不纪年，非燕王兵器则多纪年，这是两类
兵器铭文的重要区别。达观斋所藏十年郾王詧造行议鏃是目前见到唯一例外有纪
年的燕王兵器。

---

　　① 何琳仪：《战国文字通论（订补）》，江苏教育出版社，2003，第 106 页。
　　② 李学勤、郑绍宗：《论河北近年出土的战国有铭青铜器》，《古文字研究》（第七辑），中华书局，1982，第
　　　127 页。
　　③ 何琳仪：《战国文字通论（订补）》，江苏教育出版社，2003，第 106 页。

到目前为止，见于燕王兵器的燕王（侯）共计七位，分别为：郾侯载、郾侯脮、郾侯逪[1]、郾侯（王）职、郾王戎人、郾王詈、郾王喜。由于这些兵器都是燕王生时所铸，所以皆不称谥。有的燕王名见于文献，与史书对比知，郾侯载即燕成公载，郾侯逪即燕王哙，郾侯（王）职即燕昭王职，郾王喜即最后一位燕王——燕今王喜。郾侯脮、郾王戎人、郾王詈三位燕侯（王），则名不见经传。

同样，文献之不足还致使史籍中燕易王、燕惠王、燕武成王、燕孝王等四位燕王的名字缺失，有谥无名。徐占勇先生认为，达观斋所藏十年郾王詈造行议镁的面世，证明了郾王詈即为燕武成王，[2] 下面略作引述。

郾王詈在铭文中称王，肯定不会早于曾在铭文中亦称侯的郾王职，因此他只可能是燕惠王、燕武成王、燕孝王这三位燕王中的一位。李学勤先生认为郾王詈最可能是惠王[3]；陈梦家认为是燕王哙[4]，何琳仪先生从之[5]。现燕王哙已有兵器出土，名字写作"逪"，所以陈、何两位先生的说法首先排除。

纪年虽然燕王兵器中罕见，但是在非燕王兵器铭文中却很常见，如二年右贯府戈（集成11292）、九年将军戈（集成11325）、十三年戈（集成11339）、廿四年铜梃（集成11902）、二十年距末（集成11916）、八年五大夫弩机（集成11931）等。九年将军戈铭文即为："九年，栖军张，二月，剢宫戊丌虞（獻）。"

此"十年郾王詈造行议镁"铭文中有"十年"，就是说郾王詈在位不少于十年，而且这样就把在位只有七年的燕惠王和在位三年的燕孝王排除了，剩余的只有在位十四年的燕武成王了。因此，徐占勇先生指出："这件燕王詈造行议镁是十年所造，那毫无疑问燕王詈就是武成王。"其说可从。

下面再说郾王戎人。学术界已有学者从戈的称谓、式别、动词、数量等方面对郾王戎人的身份做过有益的探索。李学勤先生认为："戎人没有镁，近于燕王喜，他可能是孝王，而脮可能是武成王。"[6]《燕下都》做了一个"四燕工对戈称谓异同表"[7]，《战国文字通论（订补）》也做了一个人名、称谓、动词表[8]，来讨

---

① 韩自强、刘海洋：《首见燕王哙铭文兵器》，《古文字研究》（第二十八辑），中华书局，2010，第345页。
② 徐占勇：《十年燕王詈造行议镁考》，待刊。
③ 李学勤：《战国题铭概述》（上），《文物》1959年第7期，第54页。
④ 陈梦家：《西周年代考·六国纪年》，中华书局，2005，第146页。
⑤ 何琳仪：《战国文字通论（订补）》，江苏教育出版社，2003，第104页。
⑥ 李学勤：《战国题铭概述》（上），《文物》1959年第7期，第54页。
⑦ 河北省文物研究所：《燕下都》（上），文物出版社，1996，第188页表二。
⑧ 何琳仪：《战国文字通论（订补）》，江苏教育出版社，2003，第104页。

论这个问题。虽然没有取得一致的结论，但是这些研究方法无疑是科学的、值得借鉴的。顺着这个研究思路，搜集所有目前能见到的燕王戈（略），可以得到以下数据（见表 1）。

表 1　燕王（侯）戈称谓、动词数量及其占比

类别		成侯载 前450—前434				燕王哙 前321—前312		昭王职 前312—前279		惠王 前279—前272		武成王 前272—前258		今王喜 前255—前222	
在位年数		16				9		33		7		14		33	
戈矛剑总数		郾侯载 8（戈7）		郾侯脮 2（戈2）		郾侯逾 1（戈1）		郾侯（王）职 44（戈27）		郾王戎人 19（戈10）		郾王詧 22（戈17）		郾王喜 37（戈14）	
戈名称谓部分	鈇	3	42.9%	2	100%	0	0	0	0	0	0	2	11.8%	0	0
	鐯	0	0	0	0	0	0	1	3.7%	0	0	7	41.2%	4	28.6%
	锯	3	42.9%	0	0	1	100%	22	81.5%	9	90%	6	35.3%	7	50%
动词	乍	8	100%	2	100%	1	100%	39	87.5%	17	89.5%	4	18.2%	2	5.4%
	忑	0	0	0	0	0	0	2	4.2%	0	0	16	72.7%	30	81.1%

对于表 1，有两点需要说明。

第一，表中统计的动词来自全部目前所能见到的有铭燕王兵器，包括戈、矛、剑等，这些动词主要有"乍（作）"和"忑"两个。"忑"为燕系铭文的专用字，从"爪"从"心"，"戕"声，读为"铸"，①"戕"为"潮"字初文。②另外还有一例铭文用"为"，"乍（作）""忑（铸）""为"在燕系铭文中均表示铸造、制作的意思。除此以外，还有数例铭文无动词，此表未统计在内。

第二，表中称谓所统计的燕王戈（称谓残缺不识者，以及矛、剑等其他兵器未录在内），主要有"鈇""鐯""锯"三种，少量称"戈"者没有统计在内。"鐯""锯"即见于文献的"斀""瞿"③，《尚书·顾命》云："一人冕执斀，立于东垂；一人冕执瞿，立于西垂。"

从表 1 可以看出，第一，"鈇"主要见于称王之前的郾侯戈，"鐯"主要见于晚期的郾王詧戈和郾王喜戈，"锯"见于大部分郾王戈，并且在郾王职戈和郾王戎

---

① 苏建洲：《利用〈上博竹书〉字形考释金文二则》，武汉大学简帛网 http://www.bsm.org.cn/show_article.php?id=743。

② 陈斯鹏：《读〈上博竹书（五）〉小记》，武汉大学简帛网 http://www.bsm.org.cn/show_article.php?id=310。

③ 何琳仪：《战国文字通论（订补）》，江苏教育出版社，2003，第105页。

人戈中为主要称呼;第二,"乍(作)"字是表中前五个郾王(侯)戈常用的动词,"惄"字是后两个郾王戈常用的动词。

从上面的统计结果可以得出三点结论。第一,郾王罟和郾王喜在动词使用和戈的称谓上是相近(这个"相近"是相对于其他的燕王戈而言)的,这说明我们前面把郾王罟定为燕武成王是可信的。第二,郾王戎人戈所使用的动词和称谓皆为"乍(作)"和"鋸",而这两个词也是郾王职戈的主要使用词,二者非常接近;郾王罟和燕王喜则多用"惄(铸)",且"鋄""鋸"并用,与戎人戈相差很远。第三,各个燕王在位的年数和其出土兵器的数量,大体上也是成比例的。

在未知名字的燕王中,还有惠王和孝王,燕孝王在郾王罟和燕王喜之间,其兵器目前尚未发现,但可以推测其铭文用词应该与这两王相近,与戎人戈相远,所以郾王戎人不可能是燕孝王。惠王是燕昭王的儿子和继任者,他的戈铭应该是与昭王职相近的,所以,郾王戎人就是燕惠王。郾侯胶在戈铭中不称王,必然早于昭王职,甚至早于燕侯载,应该是易王或易王之前的某位燕侯。

所以,郾王罟是燕武成王,郾王戎人是燕惠王。《燕下都》通过对"四燕王对戈称谓异同表"的分析得到:"郾王职,即'燕昭王',戎人可能是燕国的惠王,郾王喜即王喜,郾王罟(谔)可能是武成王。"[①] 因此,我们的结论是与其一致的。

由此,在燕下都七王中,除去易王是否是郾侯胶待考之外,至今还没看到兵器出土的只有孝王了。燕孝王在位时间很短,只有三年,没有兵器出土并不奇怪。

二 郾王逗矛

由上知,郾王罟即燕武成王,其"罟"字的释读颇有争议,字形写作:

集成 11194 郾王罟戈　　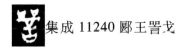集成 11240 郾王罟戈

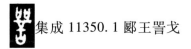集成 11350.1 郾王罟戈　　集成 11540 郾王罟矛

上部为"吅",下部为"言"。

虽然我们不同意郾王罟为燕王哙的说法,但是认为何琳仪先生"罟,从言,吅

---

① 河北省文物研究所:《燕下都》(上),文物出版社,1996,第190页。

声，疑謹之省文"① 的观点是正确的。《说文》大徐本云："吅，惊呼也。从二口，读若讙。凡吅之属皆从吅。臣铉等曰：'或通用讙，今俗别作喧，非是。'""詧"即"讙"字，还有一个重要证据。

达观斋收藏了一件燕王矛②，拓片见图 3、图 4。

图 3　燕王矛拓片　　　　　　　　　　　图 4　燕王矛

铭文共有三字，前两字为"郾王"，即传世文献"燕王"。第三字写作：。按照燕王兵器的一般辞例格式惯例，这个字应是一个燕王名。

此字左边的"彳"旁非常清晰，下部的"止"旁则残泐不清，其声符"亘"还是可以辨认的。综合考量，这个字应该是"逗"字，或写作"趄"。战国文字从"亘"之字写作：

楚：趄　　　集成 09719 曾姬无恤壶　　　　　　　　新蔡·甲三 137

　　清华二·系年 111　　　　　　　　　　　　清华二·系年 126

　　上博六·孔 2　　　　　　　　　　　　　上博六·孔 22

逗　　郭店·穷达 6　　　　　　　　　　　上博三·中 1

① 何琳仪：《战国古文字典》，中华书局，1998，第 981 页。

② 徐占勇、傅云抒：《有铭青铜兵器图录》第 9 号矛，河北美术出版社，2016，第 52 页。

晋：趩 铭文选 2.880 中山王鼎　　　 譬编 137 页·玉璧

齐：趩 集成 4649 陈侯因脀敦　　　 集成 4649 陈侯因脀敦

燕：洹 集成 11383.2 郾侯载作戎戈

可证这个字应释为"洹"。作为郾王的名字，"洹"字首次见于出土文献，不见于史料，下面讨论一下郾王洹。

我们认为"郾王洹"就是"郾王讙"。在铭文中称王，是从昭王职开始的。由上文知，昭王之后名字既不见于传世文献，又不见于出土文献的燕王，只有燕孝王，所以郾王洹有可能是燕孝王。但是这只是一种可能，还有另一种可能，就是"洹"字可以读作某个已知的燕王名。如果是后一种可能，以声求之，郾王洹当是郾王讙，我们更倾向于这种说法。

《说文》大徐本认为"喧"为"讙"之俗字，则"讙""洹""讙"可通，"燕王洹"即为"郾王讙"。由于"洹""讙"皆不见于字书，可径将燕武成王的名字写作"燕王讙"或"燕王喧"。燕王洹矛的面世就成了何琳仪先生考释"讙"字的有力证据。

最后说明一点，在目前出土的燕器铭文中，燕王的名字尚未发现异体用字，郾王讙的名字却写作"郾王洹"，似不符合燕器铭文中燕王名的用字习惯。但是这并非没有可能，特别是对于习惯了阅读写法不规范的战国文字的学者来说，对这一问题应该不会感到难接受。

有趣的一点是，如果燕武成王的名字"讙"真可以俗作"喧"，这就与燕王哙的名字在出土文献用字写法上相呼应：两个从"口"的燕王名字"哙""喧"，在出土文献中都可写作从"辵"，分别为"遣""洹"。

戈涛的诗文创作

刘青松*

摘　要：戈涛诗歌创作宏富，少习陶韦体，清新旷逸；中年坎坷，转而为苍凉之音。为文师法魏禧，奇峭渊深，文字雅洁，疏宕有奇气。文学理论方面，与边连宝互相唱和，反对"神韵说"，主张以性情为主，切戒模仿失真，于乾嘉诗坛独树一帜。此外，作为御史，戈涛本身也是经世致用的典范。戈涛身后诗文集散佚导致其名不彰。本文勾稽史料，力图窥见诗人面貌之一斑。

关键词：戈涛　诗论　畿辅诗坛　河间七子

戈涛（1717—1768），字芥舟，号蓬园，直隶献县（今河北献县）人，清代诗人、文学家。乾隆十六年辛未（1751）进士，选庶吉士，授编修，改湖广、山西、河南道监察御史，终刑科给事中。著有《坳堂诗集》十卷、《坳堂文集》十卷，纂有《戈氏族谱》二卷、《献县志》二十卷，编次有《街道条例》。

戈涛出身畿辅世家，早年受知于学使钱陈群，与边连宝、刘炳、戈岕、李中简、边继祖、纪昀并称为"河间七子"，是清中期畿辅诗坛的重要代表。《红豆树馆诗话》云："乾隆中，畿辅诗人盛于河间，一郡而必以芥舟先生为巨擘。"[1] 戈涛诗歌创作宏富，其少作习陶韦体，清新旷逸，纪昀谓之"山水清音，翛然自远"[2]。中年坎坷，转而为苍凉高洁之音。边连宝论其生平创作云："其少作风怀疏逸，绝似右丞，时而穆然玄淡，则直探左司之奥。迨其后两游豫章、滇南，尤得江山之

---

* 作者简介：刘青松，文学博士，河北大学文学院副教授，主要从事文字学、训诂学教学与研究。

① （清）陶樑：《国朝畿辅诗传》卷三十八，见《续修四库全书》第 1681 册，上海古籍出版社，2002，第 480 页。

② （清）纪昀：《纪文达公遗集》卷九《曹绮庄先生遗稿序》，见《续修四库全书》第 1435 册，上海古籍出版社，2002，第 380 页。

助，演迤涵泓，闳大以肆，汪茫浩衍中其风骨仍复棱然可揣，盖不可以一家名矣。"（边连宝著，贺培新选录《随园文钞·刑科掌印给事中芥舟戈公传》）。戈涛为文师法魏禧，奇峭渊深，文字雅洁，善于持论。其《边征君传》"倾倒骏迈，为时传诵"[①]。其《左孺人传》论断清奇，"能怨之旨，真足羽翼经传"（戈涛《坳堂文集》稿本评语）。故李中简以其文"疏宕有奇气"[②]。

乾隆十四年（1749），戈涛以"留心经籍，学品兼优"[③]与刘大櫆、惠栋、顾栋高诸人共以经学举，尝撰《诗经参》，今不传。戈涛所撰乾隆二十六年《献县志》，在方志编撰方面有很高的价值，纪昀以为"全书皆体例谨严，具有史法"[④]，瞿宣颖《方志考稿》目为"体例精宏，袤然巨籍"[⑤]。戈涛特别重视文献的整理与保存，官御史时，曾主持修建北京街道，他将任职期间搜集的诏令、奏疏等材料勒为一编，名曰《街道条例》，是研究康熙至乾隆年间北京街道状况的第一手文献。

此外，戈涛还是一位书家，其书法张照，尤长于匾额，"书法驰骋，笔力自成一家"[⑥]。

一

戈涛论诗以性情为主，切戒模仿失真，其时正值王渔洋"神韵说"笼罩诗坛。明中期以来，前后七子以"复古"为口号反对台阁体的弊端，但过分强调复古，导致其创造性不足，其后，公安派、竟陵派以"性灵"矫之，然或流于俚俗浅露，或题材狭窄、语言艰涩。此时王渔洋针对复古之习提出"神韵说"，以"言有尽而意无穷""味在酸咸之外"为基调，为清初诗坛带来了新鲜的理念，产生了巨大的影响。然而戈涛在《随园诗序》中表达了不同的主张，他首先梳理了前后七子、竟陵派的观点，前七子中，他以何景明为例，认为在形式上何"诸体具美，似无

① （清）蒋士铨著《忠雅堂集校笺》（文集）卷四《随园征士边君传》，邵海清校，李梦生笺，上海古籍出版社，1993，第2108页。

② （清）李中简：《嘉树山房文集》卷六《芥舟先生小传》，见《清代诗文集汇编》第348册，上海古籍出版社，2010，第455页。

③ （清）梁锡玙：《易经揆一》卷首，见《续修四库全书》第23册，上海古籍出版社，2002，第31页。

④ （清）纪昀：《阅微草堂笔记》卷七，见《续修四库全书》第1269册，上海古籍出版社，2002，第105页。

⑤ 瞿宣颖：《方志考稿》（甲集），天春书社，1930，第73页。

⑥ （清）李中简：《嘉树山房诗集》卷十二《哭芥舟戈六兄十二首》（之七）自注，见《清代诗文集汇编》第348册，上海古籍出版社，2010，第583页。

可讥"，但由于亦步亦趋，而不能像唐代诗人一样"各留性情面目于数百年之后，与读者相见于蓬窗土屋之间"，尽管内容和形式上都无可指摘，但并不能形成自己的特色。后七子步前七子后尘，有过之而无不及，其流弊更甚。因此他负气地说："宁为锺、谭，勿为王、李。"即宁愿做竟陵派（锺惺、谭元春），也不做后七子（王世贞、李攀龙），并不是说竟陵派强于后七子，而是对后七子怀有极不满的态度。戈涛进一步认为，如今"神韵说"占据诗坛，无非前后七子的流风，他们的共同之处在于模仿，不同的是七子模仿唐以前，王渔洋兼模仿宋以后而已。当今诗道凌迟，明七子固责无旁贷，而"神韵说"亦难辞其咎：

> 近日新城之学遍天下，予以为一信阳而已！信阳画自唐以上，新城则兼泛滥宋元以下，故每作一诗，胸中先据有一成诗，而后下笔追之，必求其肖而止。所作具在，可一一按也。余非敢瑕疵前人，然恐诗道坐敝于此，则明七子不独任咎。

论者认为，戈涛以何景明喻王士祯，较吴乔"清秀李于鳞"之说更为确切。①

戈涛主张诗当以性情为主，在表达形式上，学古但不能食古不化，无论是七子还是王渔洋，其拘泥的风气最终导致形式主义而丧失性情。他在《默堂诗叙》中也表达了对"神韵说"的批评：

> 诗道歧出久矣，自瓣香沧浪者以"神韵"为解，于是尽举济南、竟陵、公安互角，争树之帜而摽之。而江西宗派亦由之以不振，于今六七十年，几于比户尸祝矣。然而论者犹或疑其有流而失真之弊。夫至于失真，则于济南、竟陵、公安诸派，卒无以相胜。而所谓真者，又非可假老妪能解之言，以自文里陋也。诗之为道，固何如哉！固何如哉！

戈涛认为，"神韵说"一扫七子、竟陵、公安诸派的纷争而一统文坛，但其缺点是失真，七子复古是失真，而针对七子复古的公安、竟陵的浅俗、油滑同样是失真，不必以白居易的老妪解诗以自文浅陋。戈涛所谓的"真"是要有真意，而

---

① 张寅彭云："（戈涛）以何景明比喻王士祯，似较吴乔'清秀李于鳞'的说法更加准确一些，盖何景明虽亦主盛唐，但诗风较二李清秀，若必欲以渔洋比七子，则自然何稍近而李嫌远了。"（张寅彭：《试论清代诗学侧重"质实"的立场》，见蒋寅、张伯伟主编《中国诗学》第 12 辑，人民文学出版社，2008，第 199 页）

不是以任何看似合理为借口的模拟。他在《周蓁亭诗序》中以自己和边连宝的创作经历举例云：

> 余幼学诗，窃慕左司风格，已而泛滥于李杜韩苏之间，虽极力驰逐，出之终不免于艰蹶，其率然有得，虽不敢谓阑入陶韦之室，然每怳然自悦于心。任邱边征君随园，才思桀骜，其诗出入韩孟，及与余唱酬，亦间作陶韦体，平淡非不近之，而生硬之气终不能化。东坡和陶，不过自成其诗而已，其于陶远近，虽公亦无能自诬。是可知学各得其所近，性情主之，人力有不得强者。

戈涛认为诗歌创作与性情相关，不能勉强，他的诗作偏向陶潜、韦应物的恬淡清远，边连宝的诗作偏向韩愈、孟郊的雄奇清矫。边连宝每与戈涛酬唱，偶作陶韦体，虽近平淡，但终归失之生硬。这是性情不同所致，不能强求。戈涛以大量的文学作品，传达了不同的文学理念，呈现出鲜明的艺术特色。边连宝称之为："愤然欲拔新城帜，舌锋笔阵争腾翻。""孤军锐卒捣窟穴，百年壁垒失完坚。"

对于神韵说的批判，在王士禛的生前身后代不乏人，其主张皆为救弊补偏，各倡一义，表现了诗人们在诗歌创作实践中的不同思考，是诗歌发展史上的自然规律。戈涛从个性、情感出发，看到王渔洋过度强调"神韵"最终陷入自相矛盾，从而失去性情，亦为一家之言。《清人诗文集总目提要》云："边连宝与戈涛互作序言，共同驳议神韵之非，于乾嘉诗坛独树一帜。"（《随园诗集》卷二十二《酬芥舟为作生传并叙诗稿，兼索杜、苏二家诗注叙》）

二

思想上，戈涛主张致用，其致用观集中体现在所撰《献县志》中。他在《献县志》中举某年御试问耗羡之事，诸试者无以应对，至有不知"耗羡"为何物者。因此叹道："士君子读书致用，当世之务，皆所宜知也，况耗羡归公，又事之近且著者，于此而不知，则又乌乎知之？"（乾隆二十六年《献县志》卷三《食货志》）因此，戈涛论事，讲求实事求是，櫽栝源流，一归于实用，但不标榜复古。如《食货志》中有对古今田制的长篇论述，从实际出发，批判了保守者恢复三代田制的观念，认为三代之田在官，今之田在民，以今法复古制，固不可行，全文有破有立，见解深刻。《赋役序》通过对历代赋役的产生、演变的考察，原原本本，深探其利弊，认为租庸调制发展为两税法，是土地兼并使均田制遭到破坏导致的。至明代欲兴租庸调制，由于土地所有制的不同，一条鞭法的出现，乃势之必然。因此他认为不顾时势，空喊复古是没意义的，他说："租庸调之变为两税也，府兵之变为旷骑也，人惜复古之不终，不知古之田赋、兵制皆起于井，井法废而其本已失，后世欲以末法复之，其势固不可以久。"（乾隆二十六年《献县志》卷五《武备志》）戈涛认识到，一条鞭法的弊端在于土地大规模集中后，继续按丁征税会导致无地、少地的农民无力负担。因而摊丁入亩应运而生，将丁税平均摊入田赋，不再以人为单位征税，这是"垂万世而不易者"（乾隆二十六年《献县志》卷三《食货志》）。有了对田亩制度与赋役制度的深刻认识，才有后来著名的《请丁银仍归地粮疏》。戈涛在考察了献县境内的堤防之后，对滹沱河、九河进行了深入的考证，对不同的观点条分缕析，谨下按断，其目的在于防治水患。他认为治水"当其湮塞未久，疏而浚之，使由故道分流，河患或有瘳"（乾隆二十六年《献县志》卷一《舆地志》），待时代久远，再议复故道则难矣，这是其《复唐河故道议》的先声。《献县志》中的其他论述率皆可观，唯未独立成文，以至流传未广，而其《请丁银仍归地粮疏》《复唐河故道议》等著名论文被《皇清经世文编》《皇清名臣奏议》《畿辅水利四案》等广为收录，成为经济、水利史上的重要文献。

戈涛不仅以自身的创作体现其文学主张，对于矫正当时的文风，也做出过不懈的努力。戈涛曾三次主持乡试（两次为主考，一次为副主考），在衡文的实践中处处表现出对文风的干预。他认为时文与古文是统一的，将二者截然分开，专攻时文，以为进身之阶，只能导致形式主义、模仿滥调，应当考镜文章源流，将古文、时文合二为一，从而摆脱这种弊病。（《应鲁轩文序》）而文风的改变，除了遵循其自身发展规律外，还可以通过人的自觉行为来矫正，"古今文章升降之故，似有天焉，其相激而加厉，相挽而返乎淳者，则由于人之为之。"（《丙子云南乡试录序》）戈涛认为考官的衡文标准对于地方乃至全国的文风发展至关重要，应当通过录取与斥退的方式，对于好的文风因势利导，反之，则当力矫其弊，"文章之道，推之则下，挽之则上，顺其习而予之，将有沿而不知返者，矫其习作之使新，使知所学之不可以墨守也，而后可幡然一出于至当。"（《丙子云南乡试录序》）如他看到某人的时文"骨廉肉削，气脉与古文为近"，便认为

"闱中得此种数十置前列，可振衰起靡矣"（《应鲁轩文序》）。时文江西派艾南英、章世纯、罗万藻、陈际泰等人反对前后七子"诗必秦汉，文必盛唐"的主张，以复古为己任，经史之外，于诸子百家兼收并蓄，收到了很好的效果，但其缺点是杂博不纯，后世竞相模仿，导致了江西文风"艰深险怪"之弊。（《癸酉江西乡试录后序》）戈涛在做江西乡试副主考的时候，便斥退"以险涩相高，字町句棘"的文章，取其"平易通达"者，使知"文体之正"（《丙子云南乡试录序》）。

戈涛官御史时，以直陈利害、革除弊政为世所重，其奏章数十上，"率皆朝入奏而夕报可"（边连宝著，贺培新选录《随园文钞·刑科掌印给事中芥舟戈公传》），故京察屡拔上等，然皆被他谢绝，他认为御史言事为职责所在，不当成为进身之阶，因而被目为"耿介绝俗者"①。乾隆三十三年（1768），戈涛卒于福建乡试主考任，卒之先，尚有旨命于归途勘察宿迁城工。

三

关于戈涛的著作，著录不一，据翁方纲《坳堂集序》所言，为《坳堂文集》十卷、《坳堂诗集》十卷。而据戈涛裔孙戈革言，则有《坳堂诗草》十二卷。②又，《中国古籍善本总目》著录戈涛《坳堂小草》四卷，稿本。又李慈铭日记云尝见"献县戈芥舟学士涛《坳堂诗文集》钞本"③，则又似有诗文集合本。然则戈涛的诗文集有《坳堂诗集》《坳堂诗草》《坳堂小草》《坳堂文集》《坳堂诗文集》等不同的名目，说明戈涛的诗文流传颇广，但其生时并未系统地整理行世。戈涛诗集今皆佚，戈革藏本毁于"文化大革命"时期。《中国古籍善本总目》著录《坳堂小草》四卷，清华大学藏书。然《清华书目》无此书，笔者咨询清华大学图书馆，亦无。戈涛文集亦散佚，天津图书馆藏《坳堂文集》稿本残卷四册，唯于第四册中某页题"坳堂文集卷第四"，"献县戈涛芥舟著，胞侄宝树珊如辑录，侄孙烈文、炜彬、炜彦校字"。按：戈宝树，字珊如，戈涛弟戈源五子，嘉庆庚午举人，官长子县知县，包世臣《书刘文清四智颂后》所谓"宛平之婿而诸城门人

① （清）陆耀：《嘉树山房诗序》，见《清代诗文集汇编》第348册，上海古籍出版社，2010，第353页。
② 戈革：《〈戈氏族谱〉简记》，《社会学家茶座》2006年第17辑。
③ （清）李慈铭著《越缦堂日记说诗全编》（内编·评论门·总集类）七，张寅彭、周容编校，凤凰出版社，2010，第397页。

也"①。据翁方纲《坳堂集序》云："吾婿宝树，君犹子也，始以所写坳堂诗十卷、文十卷来视。"② 则此本盖即翁方纲作序的文集残卷。此本有戈涛原稿，亦有后人辑录，原稿有墨笔、朱笔眉批、总评若干。惜天头地脚多被割去，故其上评语，除尹嘉铨外，不知出自谁氏。尹嘉铨评语为墨笔，纸笺粘贴，在前。无名氏评语为朱笔，径书于文末，在后。《坳堂文集》稿本列入"天津图书馆珍藏清人别集善本丛刊"第十八种，于 2009 年由天津古籍出版社影印出版。

---

① （清）包世臣：《艺舟双楫》论书二。按，包此文甚著名，唯误宝树之名为其父戈仙舟耳。
② （清）翁方纲：《复初斋文集》卷四，见《续修四库全书》第 1455 册，上海古籍出版社，2002，第 388 页。

《燕赵文化研究》第 2 辑
第 15~19 页

《景城纪氏家谱》的价值

孙　建*

　　摘　要：纪晓岚主持修订的《景城纪氏家谱》，不仅体现了他在谱牒学上的修为，而且在纪晓岚文化研究方面具有一定的学术参考价值：第一，有助我们了解《阅微草堂笔记》中出现的某些纪氏族人的生平事迹，为研读《阅微草堂笔记》提供了丰富的背景材料；第二，有助于弥补点校、刊刻《阅微草堂笔记》中出现的某些失误；第三，有助于我们解答关于纪晓岚某些称呼的疑惑；第四，有助于我们从新的角度辨伪《纪晓岚家书》；第五，有助于我们从姻亲关系等角度深入研究纪晓岚文化。

　　关键词：《景城纪氏家谱》　纪晓岚　族谱

　　中国传统文化，有相当一部分是由家族承载并流传的。从家训、家集到族谱、族规，甚至祭祖、拜庙等集体活动，都有传统文化的渊源。

　　家谱，又名宗谱、族谱、家乘，在古代一直与正史被目录学家同归为史部，因为它们全面反映了一个家族的历史——繁衍、迁徙、荣衰、礼仪、文化等。在中国，历史在家国之间并没有特别明显的界限，家族命运往往是国家治乱兴衰的折射，而国家的发展轨迹也凝聚着无数个家族的悲欢离合。家谱之外，还有家传，两者体例不一，分属有别，正所谓"谱以纪世系，传以述先德"（纪晓岚《汾阳曹氏族谱序》）。大概在明代，谱传开始合为一体。随着家谱的兴盛，其内容也在逐渐增加，有的添设了光宗耀祖的恩荣文字（包括封赠、诰命、旌表等），有的将名人的赠序、寿文，以及重要书籍对家族人物的记载罗列在谱内，还有人把搜集到

---

　　*　作者简介：孙建，沧州纪晓岚研究会副会长，《纪晓岚》杂志责任编辑，中国楹联学会会员，南开大学中国社会历史研究中心原特约研究员，多年从事纪晓岚研究。

的族众的诗文著作、传说故事附在谱后，最终发展到连像赞、契约、中式的试卷也都成为家谱的正式项目。

比较同时代的许多家谱，由纪晓岚主持修订的《景城纪氏家谱》无疑是相对简明的一部，只有《宗派图》《支谱》《生卒谱》《族居记》《坟茔图》等几个主要部分。这样的做法客观上反映了族众平等的修谱原则，因为他们在谱中出现的机会均等，不出意外的话，一个普通族人会先后在《宗派图》《支谱》《生卒谱》里出现，然而一旦加入了诰命、寿序、碑志等项目，就势必成为少数支派少数人的专利区。纪晓岚从维护整个家族的和谐团结出发，巧妙地将封赠、旌表、仕进以及著作都写入了《支谱》中，而没有进行特别的标榜，更为重要的是，他所主持的这部家谱集中反映了自己对传统谱牒学的认识。

《四库全书》里面没有收录家谱，原因是纪晓岚认为"自唐以来，谱学殆绝。玉牒既不颁于外，家乘亦不上于官，徒存虚目，故从删焉"（《四库全书总目·史部总叙》）。虽然他在存目书中也采录了诸如《孔颜孟三氏志》《闵子世谱》《三家世典》《镇平世系记》《顾氏谱系考》之类略似家谱的书籍，但原因复杂，很难说是为了保留家谱的典范。

尽管《四库全书》没有收录家谱，可纪晓岚本人在谱牒学上的修为还是值得重视的。他曾先后为东光马氏、渠阳王氏、河间孔氏、棠樾鲍氏、汾阳曹氏等家族的家谱写过序言，从谱牒之源流到谱牒之意义，再到谱牒之体例，纪晓岚有一套颇为完整的独到见解。这些见解最为集中也最为现实的表现就是他亲手修订的这部《景城纪氏家谱》。当我们读到《家谱》最后的《序例》时，不禁慨叹纪氏对古代谱牒学的熟悉，他正是在了解了众多谱牒知识后，才去芜存菁，形成了自己集众家之长的新体例。这篇序例作为纪晓岚的学术著作被收入了《纪文达公遗集》（卷八），引起后来人的重视。道光七年出版的由贺长龄、魏源等主编的《皇朝经世文编》卷五八《礼政五》收入了这篇文字；光绪三十四年，武清王其璐在为《沧州赵氏家谱》作序时写道："自古谱牒之书，其体例记述最为详明精审者，莫若宋之欧阳氏及苏氏两谱，近今名门巨族，其谱书之善者指不胜屈，而景城纪氏谱为尤良，盖亦模范于欧苏而斟酌得当者也……其茔图则据《隋书·经籍志》杨氏谱与近世纪氏谱之例。"（见民国 23 年《沧县赵氏家谱》。植案：光绪时犹称沧州，至民国 2 年改为沧县）民国 12 年，沧县西赵河刘氏刘耀寰在续修家谱序中写道："余自四十余岁时始见老谱，即留心此事，欲踵而修之。每日涉猎书史，遇有关谱牒之处，如《世说新语》、纪文达集以及《二十四史》，莫不细心而籀绎之。"由此可见，这篇《序例》已经在学术界和民间产生了不小的影响。此外，民国17年《南皮刘氏族谱》谱尾联名纪世谱后，修谱者云："《景城纪氏家谱》有联名纪世二十字，以上字纪其世，下字则惟意所择，惧重名也。兹吾刘氏谱亦仿其例，谨定二十字，庶云礽祫相传，命名各有遵循，不致重复。"张晚畴修《南皮张氏族谱》（西门张）凡例云："河间纪氏谱例异母之子不分载，统于父也，庶子不书所生母，统于嫡也，妾不登谱，洵为良法。我谱亦从此例。"又云"纪氏谱又有两嫡并书之美。我第八世永誉公、十四世嘉亨公暨续谱十五世文升均两嫡，故并书之"（见河北大学藏道光三十年抄本），则是具体的参考。

除了谱牒学意义上的重要价值，《景城纪氏家谱》在纪晓岚文化研究方面还有重要的参考价值。

第一，纪晓岚在《阅微草堂笔记》中提及纪氏族人60余名，其中景城纪氏共有54名，文安纪氏五名，其他里贯不详。之所以能够区分得开，正是因为有了《景城纪氏家谱》的帮助。同时，《景城纪氏家谱》为这54名族人记录下简单的生平事迹，也为我们研读《阅微草堂笔记》提供了丰富的背景资料，对于深入研究大有裨益。反过来，借助《阅微草堂笔记》，我们又能对整个景城纪氏的家族文化底蕴，有一个相对全面而鲜活的把握。

第二，《景城纪氏家谱》能够弥补《阅微草堂笔记》某些点校、刊刻中出现的失误。比如在上海古籍出版社1998年汪贤度先生点校本《阅微草堂笔记》中，《如是我闻》卷四第五十二则"在余家设帐二十余年，从兄懋园（坦居）、从弟东白（羲轩），皆其弟子也"。点校者显然认为"坦居""羲轩"分别是懋园、东白的表字了。但由《景城纪氏家谱》可知，他们实为四人，分别是纪晓岚三叔家的从兄纪昭（字懋园）、纪易（字坦居）和他四叔家的从弟纪盼（字东白）、纪晆（字羲轩）。其实，点校者于第五十九叶《滦阳消夏录》卷二第四十三则"戊午夏，余与从兄懋园、坦居读书崔庄三层楼上"，点对了。此处出现的失误实属不该有的疏忽。再如该书《槐西杂志》中总共出现了三处"从孙树梾"字样（第二五五叶卷一第六十五则，第二七一叶卷二第二十二、二十三则），民国7年上海会文堂详注本、天津古籍出版社1994年版皆同。实际上，这个所谓"树梾"与同书卷四第五十九则的"道原"是同一个人。《景城纪氏家谱》支谱一之四载："纪树夲，字道原，乾隆己亥科举人……""夲"字，见于《康熙字典》，是"本"的古写体之一，而"树梾（橑）"无疑是因形似而刻错了。

第三，《景城纪氏家谱》帮助我们解决了关于纪晓岚某些称呼的疑惑。众所周知，纪晓岚只有一个同父异母的哥哥纪晫，但是《滦阳续录》卷四第四则写道："雍正甲寅，余年十一，元夜偶买玩物，祥启张太夫人曰：'四官今日游灯市，买杂物若干。'"在《纪文达公遗集·文集》卷十六《祭四叔母文》中，纪晓岚自称"第四侄"，而《阅微草堂砚谱》里，刘墉则称其为"晓岚四兄"。翻阅《景城纪氏家谱》，我们知道了纪晓岚在一祖所出的大排行中位于纪晫、纪昭、纪易之后，第四个出生，所以家人称他"四官"、刘墉叫他"四兄"，而他对叔母则自称"第四侄"。

第四，从新的角度辨伪《纪晓岚家书》。《纪晓岚家书》，题"虞山襟霞阁主编次"，有民国 25 年上海中央书店印行本，又有民国上海共和书局、东亚书局印行本，1997 年广陵古籍刻印社影印本，东北师范大学出版社排印本等，共收所谓"纪晓岚家书"79 封。自问世之初，有识之士便指出其乃伪造之作（如民国 25 年《逸经》第 17 期徐一士文章《由"老头子"问题而介绍所谓"家书"》），主要因为书信内容绝大多数系从《阅微草堂笔记》抄撮而成，且某些地方如纪晓岚入军机处内容与史实严重不符。而由家庭关系出发，证之《景城纪氏家谱》，我们可以找到更多的证据。

《纪晓岚家书》中有《寄胞姊晰》两封，《寄琳妹》一封，殊不知晰乃晓岚族弟（同门不同支，见《景城纪氏家谱》支谱一之二），琳乃晓岚族叔（亦同门不同支，亦见《景城纪氏家谱》支谱一之二），试想纪晓岚之父纪容舒怎会以族兄与族侄的名字来给女儿起名呢？《纪晓岚家书》中数量最多的是《寄秀岚弟》书，总共十封，由《景城纪氏家谱》我们可以知道，纪晓岚不仅没有亲弟弟（据《阅微草堂笔记》之《如是我闻》卷三，其胞弟名映谷，数岁而夭，未入谱），而且从弟、族弟当中也没有字"秀岚"的。造伪者猜"晓岚"之弟的字号最后也应带个"岚"字，反倒露了马脚！纪容舒三子的名与字的规律如下：名为日字旁的单字，字的第一字也是日字旁，第二字则为地理门。如长子纪晫，字晴湖；次子纪昀，字晓岚，三子纪□，字映谷。《纪晓岚家书》又有《寄从弟旭东》两封，按《景城纪氏家谱》，晓岚从弟中只有纪旭，而没有"旭东"。

另外一个值得注意的现象是，《纪晓岚家书》中出现了大量写给族兄次辰、族弟次良、族侄贻孙、族侄起凡的信函，其中族兄次辰、族侄贻孙在《阅微草堂笔记》里面都出现过，而贻孙经笔者考证应该是文安纪氏的纪佑曾，次辰属文安的可能性也很大。家书写给远支族人不免令人感到费解，写给异地别宗的族人就更加让人难以置信。还有一条重要的证据，在《纪晓岚家书》中寄给胞叔仪南公的有六封，但自第三封起皆为纪晓岚于乾隆三十三年因泄密遭贬及远戍新疆以后事，据《景城纪氏家谱》之《生卒谱二》，纪容雅已于乾隆二十三年五月十七故去，又怎会在十年之后频繁接收侄儿来信呢？

第五，《景城纪氏家谱》记载的姻亲关系能为我们搜寻更多纪晓岚文化的研究资料提供线索。比如，纪家与献县圈头陈氏数代结亲，纪天申娶陈令俶之女，纪容恂娶陈颖孙之女，纪旭娶陈聪之女，我们根据线索找到了民国时期《乐寿陈氏族谱》，结果不仅印证了纪陈两家的姻亲关系，令人惊喜的是在其谱末所附《碑志文钞》中意外发现了纪晓岚的两篇佚文：《陈翰青先生七旬寿序》和《候选布政司理问貤赠儒林郎布政司经历陈公瀛西合葬墓志铭》。

由于《景城纪氏家谱》具有以上诸多学术价值，因此一直被纪晓岚文化研究者视为必备资料之一。然而，《景城纪氏家谱》自嘉庆时期刊刻三次之后，二百年来再未印行，因此传世很少，当年孙致中先生等编纂《纪晓岚文集》时所得《景城纪氏家谱》竟为残本，实在遗憾。

《燕赵文化研究》第 2 辑
第 20~44 页

徜徉于鬼狐怪异世界

——以《聊斋志异》《阅微草堂笔记》《子不语》为载体

李兴昌*

摘　要：清代以鬼狐怪异为内容的笔记小说各有千秋。蒲松龄的孤愤之作《聊斋志异》，纪晓岚的写实之作《阅微草堂笔记》，袁枚的性灵之作《子不语》，分别为我们展现了自康熙至嘉庆年间的社会风貌。三部作品自问世以来，褒者有之，贬者有之，至今学者仍未停止对这三部作品的探究。

关键词：《聊斋志异》　《阅微草堂笔记》　《子不语》　鬼狐怪异世界

在人类历史的发展长河中，自有文字始，人们就记录下自己的祖先在生存过程中，与大自然相互依存和相互斗争的美丽传说和英雄传奇故事。在这些传说和故事中，就包含了大量鬼狐怪异内容，它承载着人类祖先对自身及其赖以生存的大自然的敬畏以及探索大自然的厚重思维和人类寄予大自然的美好愿望。不同历史时期的士人将其加以描述或创作成文流传下来，才使后来的人们有幸看到形式多样、内容丰富、光怪陆离、充满迷幻的鬼狐怪异世界。

在我国文学史上，志怪小说具有重要地位。以鬼狐神怪为创作内容的志怪小说萌芽于先秦两汉时期，代表作有《汉武故事》《列仙传》等。《汉武故事》形成于东汉，记载汉武帝一生的奇闻逸事，故事情节多为虚构，创作笔法以志怪为主。《列仙传》则记述了七十二位神仙的传说故事，有的仙人纯属子虚乌有，有的仙人由历史人物神化而来。其中不乏人和神仙恋爱的故事。这些小说的出现，标志着志怪小说在汉代已初步形成。

志怪小说发展到魏晋南北朝时，则进入鼎盛时期，作家及其相关作品急

---

*　作者简介：李兴昌，沧州纪晓岚研究会会长。

剧增多，内容题材更加丰富广泛，思想艺术得到提高。作家们的创作活动和社会现实紧密相联，使志怪小说所要表达的艺术思想走向成熟，出现了一大批如《搜神记》《拾遗记》《续齐谐记》等优秀作品，对后世的文学艺术创作影响很大。

志怪小说在唐代文学中发生了演变，代之以唐传奇。到了宋元时代，志怪小说没有多大发展。明清时期，志怪小说虽得以兴盛，但其在文学史上却停滞发展。这一时期，出现了最有代表性的三部作品：蒲松龄的《聊斋志异》、纪晓岚的《阅微草堂笔记》和袁枚的《子不语》（又名《新齐谐》）。

这三部书的作者均生活于清代，三部作品有着千丝万缕的联系。按时间讲，蒲松龄创作《聊斋志异》早于纪晓岚创作《阅微草堂笔记》和袁枚创作《子不语》，纪晓岚和袁枚生活的年代大致相同，创作《阅微草堂笔记》和《子不语》也几乎处在同一历史时期。研究者也多将他们三人及其作品进行比较研究。盛时彦为《阅微草堂笔记》所作跋中说道："以《聊斋》盛行一时，然才子之笔，非著书者之笔也……小说既述见闻，即属叙事，不比戏场关目，随意装点……今燕昵之间，狎亵之态，细微曲折，摹绘如生，使出自言，似无此理，使出作者代言，则何以闻见之？又所未解也。留仙之才，余诚莫逮其万一。"①

可以看出，纪晓岚的创作观念与蒲松龄存在差异。有人据此认为纪晓岚对《聊斋志异》是排斥的。是否排斥，无据可考，但有一点可以肯定，纪晓岚认为其子纪汝佶是《聊斋志异》的受害者。纪汝佶自幼聪慧，前景良好，少时读书不多，就能作八股文，二十三岁即中举人。纪晓岚因案被发配到乌鲁木齐时，纪汝佶在山东朱子颖处学习。这期间纪汝佶见到《聊斋志异》手抄本，迷恋意沉，以至学业未成。对此，纪晓岚耿耿于怀。所以，他在《阅微草堂笔记》附《纪汝佶六则》中写到纪汝佶"依朱子颖于泰安，见《聊斋志异》抄本，又误堕其窠臼，竟沉沦不返，以讫丁亡"②。好好的一个儿子，竟然因沉湎于《聊斋志异》抑郁而死，多么可惜。

《聊斋志异》和《阅微草堂笔记》孰优孰劣，后来的学人有很多说法。如俞鸿渐在《印雪轩随笔》中认为："《聊斋志异》一书脍炙人口，而余所醉心者，尤在《阅微草堂笔记》五种，盖蒲留仙才人也，其所藻绩，未脱唐人小说窠臼。若五种，专为劝惩起见，叙事简，说理透，垂戒切，初不屑于描头画角，而敷宣妙义，

---

① （清）盛时彦：《姑妄听之》跋，见《阅微草堂笔记》，天津古籍出版社，1994，第469页。

② （清）纪昀：《阅微草堂笔记》，天津古籍出版社，1994，第557～558页。

舌可生花，指示群迷，头能点石，非留仙所及也。"这样的评价显然把《阅微草堂笔记》放在首位。蔡元培先生则把二者的价值放在了同等的位置，他说："清代小说，最流行者有三：《石头记》（即《红楼梦》、《聊斋志异》及《阅微草堂笔记》是也。"鲁迅先生则从艺术、思想、创作诸方面，作了评论，他在《中国小说史略》中说："盖传奇风韵，明末实弥漫天下，至易代不改也。而专集之最有名者为蒲松龄之《聊斋志异》。《聊斋志异》风行逾百年，募集赞颂者众，顾至纪昀而有微辞"。"《阅微草堂笔记》……故与《聊斋》之取法传奇者途径自殊，然较以晋宋人书，则《阅微草堂笔记》又过偏于论议。盖不安于仅仅为小说，更欲有益人心，即与晋宋志怪精神，自然违隔，且末流加厉，易堕为报应因果之谈也。"又说："惟纪昀本长文笔，多见秘书，又襟怀夷旷，故凡测鬼神之情状，发人间之幽微，托狐鬼以抒己见者，隽思妙语，时足解颐，间杂考辨，亦有灼见。叙述复雍容淡雅，天趣盎然，故后来无人能夺其席，固非仅借位高望众以传者矣。"①孙犁在《关于纪昀》中提到：《阅微草堂笔记》是一部成就很高的笔记小说。它的写法及其作用都不同于《聊斋志异》。直到目前，它仍在中国文学史上，占有其他同类作品所不能超越的位置。它与《聊斋志异》是异曲同工的两大绝调。

《子不语》二十四卷，《续子不语》十卷，为袁枚所作，内容包罗万象，只要与"怪，力，乱，神"有关，就予以收录。袁枚与纪晓岚生活在乾隆时代，以诗文论，时人称二人为"南袁北纪"。袁枚创作《子不语》几近半生。纪晓岚自乾隆五十四年始，历时十年时间，创作了《阅微草堂笔记》五种。就学术而言，纪晓岚和袁枚在有些观点上是相同的，如二者均崇尚汉学，而批判宋之理学，对此，他们在作品中作了很多描述。袁枚在其《随园诗论》中说道："竞尊汉儒，排挤宋儒，几乎南北皆是矣。"袁枚创作《子不语》，多取材于其亲朋好友的口述或当时官出的公文或朝报，也有直接引用他人著述的。比如引用《阅微草堂笔记》的有关篇幅。《子不语》卷十三中的《关神下乩》、卷十四《鬼怕冷淡》可见于纪晓岚的《滦阳消夏录》。还有《续子不语》卷五中的《文人夜有光》《狐仙正论》《唐公判狱》《刘迁鬼》《狐仙惧内》《军校妻》等篇也与《阅微草堂笔记》类似。甚至《喀雄》《怪风》《白莲教》等篇的文字大部分与纪书相同。由此看出，袁枚创作《子不语》及其续篇，借鉴了纪晓岚《阅微草堂笔记》中的很多东西。同样，纪晓岚在《阅微草堂笔记》中也引用袁枚《子不语》中的有关章节，如说到"魂

---

① 鲁迅：《中国小说史略》，江苏文艺出版社，2007，第 165~166 页。

魄"问题，纪晓岚在《如是我闻》（卷四）中引用袁枚的论述，他说：袁子才前辈《新齐谐》"载南昌士人行尸夜见其友事，始而祈请，继而感激，继而凄恋，继而忽变形搏噬。谓人之魂善魄恶，人之魂灵而魄愚，其始来也，一灵不泯，魄附魂以行。其既去也，心事既毕，魂一散而魄滞。魂在则为人也，魂去则非其人也。世之移尸走影，皆魄为之。惟有道之人，为能制魄"[①]。语亦凿凿有精理。

如何对三部作品进行评价，笔者认为，要多角度、多方面、多层面、多标准，综合分析，不可以偏概全，选取一点优劣而臧否其他。为此，可以参考谭正璧先生的观点加以学习。谭正璧先生编写的《中国文学史》，将《聊斋志异》《阅微草堂笔记》《子不语》并作为清代传奇小说的三大派。他说，清代的传奇小说，凡三大派，《聊斋志异》以遣词胜，《子不语》以叙事胜，《阅微草堂笔记》以说理胜。后起的作者，皆不能逾越此三家的范围。[②]

客观上，从《聊斋志异》到《阅微草堂笔记》，再到《子不语》，展现在读者面前的是一个活生生的鬼狐怪异世界。在这个世界里，所有鬼狐怪异善恶分明，情暖义深，可谓异彩纷呈。如果你有兴趣的话，将这些鬼狐怪异分门别类，考以史据，足可编一本"中国鬼怪全书"。更重要的是，透过这个鬼狐怪异世界，还能看出创作者的内心世界，从中体会到蒲松龄的"孤愤"、纪晓岚的"劝惩教化"、袁枚的"性灵"。他们在儒学文化语境下生活，但他们都违背了孔圣人的"不语怪、乱、力、神"的训导，却玩"怪、乱、力、神"于掌上，把狐鬼世界当作透视社会制度、人性本质、世风民意的显微镜或放大镜，那些寓言式的故事，蕴含着极其深刻的人生哲理和处世智慧，读之确能启迪心智，教人受益。

如何读书，纪晓岚告诫人们不能读死书，为此，他在《阅微草堂笔记》之《滦阳续录》（卷三）中讲了他的父亲姚安公教育子弟读书的故事，姚安公说，子弟读书之余，亦当使略知家事，略知世事，而后可以治家，可以涉世。为了说明"死读书"的危害，姚安公还以自己的祖辈两曾伯祖景星、景辰因与人辩论而丢掉逃命机会的事件为例。说的是，明末姚安公的曾伯祖景星、景辰家居河间，遇到兵灾，临逃时，邻居中的一个老者指着门神叹息说："如果今天有一个人像尉迟敬德或者秦琼，不至于这样惨啊！"景星、景辰正在收拾东西，听到他的叹息，忙与这个老者辩论："你说得不对，门神是神荼、郁垒，不是尉迟敬德、秦琼！"老者

---

① （清）纪昀：《阅微草堂笔记》，天津古籍出版社，1994，第223页。
② 谭正璧：《中国文学史大纲》，1924年泰东书局刻印。

当然不服，拿出丘处机的《西游记》为证。景星、景辰取出东方朔的《神异记》争辩。最终，也未分出胜败，倒是争到城门关闭，不能出城。次日再想走，大兵已将城包围。最后，城被攻破，全家遇难。

像这样的书呆子，姚安公拿来作为教育子弟的反面教材，告诫子弟不能死读书，读书要与世事、家事即社会事务联系起来。① 这一点正是纪晓岚的"实学实用"等学以致用观点的具体表现。

受其启发，笔者重新阅读了《聊斋志异》、《阅微草堂笔记》和《子不语》，目的是解决自己常常思考的问题：蒲松龄、纪晓岚、袁枚于文学堪称大师，于官场却人生迥异，蒲松龄与官无缘，纪晓岚官场得意，而袁枚先为官后弃官，游戏官场。他们何以能在鬼狐怪异世界里自由驰骋，为人们留下极其丰富的精神资源。本文试从创作题旨、作品内容、叙事方式以及如何学习研究等方面作简要分析。

一　创作者人生经历影响作品题旨

"文如其人"或"文品如人品"，很多时候是说，看到一个人的作品，就会想到这个人的人品和经历。有些作品很容易使读者产生共鸣也是基于这个因素。每一部作品所要表现的主题亦即主题思想与创作者的人生经历密不可分。清代志怪小说《聊斋志异》、《阅微草堂笔记》和《子不语》等三部作品也不例外。

蒲松龄创作《聊斋志异》，其表达的思想正如作者在《聊斋志异·序》中所言：集腋为裘，妄续幽明之录，浮白载笔，仅成孤愤之书；寄托如此，亦是悲矣！② 显然，蒲松龄借《聊斋志异》抒发自己的愤懑之情，《聊斋志异》是一部"孤愤"之书。蒲松龄对现存制度（如科举制度）的不满和怀疑，凝注笔端，通过一个个的故事表现出来。他抨击科举制度轻而易举地将真才实学者拒之门外，像《叶生》中的叶生，《素秋》中的俞恂九，《褚生》中的褚生，《于去恶》中的方子恶，他们虽贫而好学，才华出众，然而屡试不中，成了科举制度的牺牲品，读之无不令人心酸。他怒斥考官营私舞弊，不学无术，却能掌握读书人的命运。对此，蒲松龄索性痛快地在《考弊司》一篇中，把管理秀才的考弊司讥讽为肮脏的妓院，司主名叫"虚肚鬼王"。秀才初见司主，要割下大腿上的一块肉，作为晋见礼敬

① （清）纪昀：《阅微草堂笔记》，天津古籍出版社，1994，第 508 页。
② 陈昌恒、周禾主编《聊斋志异全本译赏》，武汉出版社，1993，第 2 页。

献，司主何等贪婪残酷。① 在《司文郎》中借瞎和尚之口，嘲讽掌握读书人命运的学官有眼无珠、误人子弟的丑恶嘴脸。瞎和尚能用鼻子闻出文章的优劣，那些秀才们也佩服他，认为只要和尚闻过说好的文章考试通过没问题，恰恰相反，等到考试结果一出，正好与和尚所闻相反。和尚知道后，非常感慨地说：仆虽盲于目，而不盲于鼻，帘中人并鼻盲矣。②

蒲松龄在鞭挞那些恶劣考官的同时，也对那些利欲熏心、热衷功名之徒进行了辛辣的嘲讽。如《王子安》中的王子安，盼望早得功名，中举心切，一日酒后，梦到自己中举，当了进士，还被点中翰林。他"自念不可不出耀乡里"，便大呼长班（随从），长班稍迟，就被他惩罚，醒来方知是狐狸在戏弄他。③《续黄粱》讲述了曾孝廉在梦中做了宰相，过上了纸醉金迷、荒淫无度的生活，自己乐在其中，醒来竟是南柯一梦。④ 这些篇章，使那些所谓的"孝廉秀才举人"等读书人的丑恶灵魂跃然纸上，令人深思，封建社会的科举制度选出的都是符合孔孟之道的人才吗？

另外，蒲松龄将对社会和朝廷的希望也借文中人物之口表达出来。如《与韩刺史樾依书》不仅揭露官场黑暗，而且对下层人民寄予无限同情。他慨叹："仕途黑暗，公道不彰，非袖金输璧，不能自达于圣明，真令人愤气填胸，欲望望然哭向南山而去。"对百姓，他则"感于民情，则怆恻欲泣，利与害非所计及也"。蒲松龄还对"存天理，灭人欲"的理学进行了批判。书中刻画了大量为争取婚姻爱情自由幸福而斗争的艺术形象，《连城》中的连城与齐生相互倾慕，他们为了获得爱情，不惜割却心头肉，不惜以死来反抗封建恶势力的阻挠破坏。爱情的力量能够战胜死神，主人公死而复生，终于在人间获得美满的婚姻。又如《竹青》中的那个男子鱼容，与曾经患难相爱的神女竹青南北分离之后，每一思念竹青，只要披上竹青送予他的黑衣，就能举翅蓝天，飞越千山万水来到竹青身旁。在"存天理，灭人欲"的理学家看来，这简直是不可想象的罪恶，但蒲松龄却借美好浪漫的爱恋故事对其进行了批判。

蒲松龄对封建社会的黑暗和腐败现象，毫不留情，鞭辟入里，予以揭露。《梦狼》虽为梦幻，却形如现实。白翁在梦中来到其长子白甲的衙门，只见"堂上、

---

① 陈昌恒、周禾主编《聊斋志异全本译赏》，武汉出版社，1993，第 646~649 页。
② 陈昌恒、周禾主编《聊斋志异全本译赏》，武汉出版社，1993，第 877~879 页。
③ 陈昌恒、周禾主编《聊斋志异全本译赏》，武汉出版社，1993，第 995~996 页。
④ 陈昌恒、周禾主编《聊斋志异全本译赏》，武汉出版社，1993，第 406~409 页。

堂下、坐者、卧者，皆狼也，又视堰中，白骨如山"。白甲不仅以死犬为饭食招待父亲，而且扑地化为虎。笔者认为，这是蒲松龄用"如狼似虎"形容贪官污吏的形象化描写，正如"苛政猛于虎"所体现的一样。① 在那样的环境下，《梅女》中的典史为了三百钱的贿赂，诬人为奸，闹出人命，也就不足为奇了。蒲松龄对此大声疾呼"窃叹天下官虎而吏狼者，比比也"。官吏的残酷暴虐成了当时的社会普遍现象。

与此同时，蒲松龄还饱含热情对那些敢于与贪官污吏作斗争的人们褒以笔墨。席方平就是典型和代表。为了替父申冤，他在地府里受到毒打、炮烙、锯解等种种酷刑，但席方平决不屈服。冥王见硬的不行，就来软的，许诺"予以千金之产，期颐之寿"来诱使席方平屈服，结果席方平根本不吃这一套。他坚持斗争到底，直到其父冤屈得到昭雪。② 席方平这种不畏强权、不受利诱、不屈不挠的斗争精神，体现着下层民众的反抗意志和行为。蒲松龄以艺术的形式表现了现实生活中百姓与封建官府之间存在着矛盾冲突。

一言以蔽之，《聊斋志异》400 余则传奇志异故事，蕴含着蒲松龄对自己身世和社会现实的忧虑和愤慨。蒲松龄，字留仙，别号柳泉居士，山东淄川（今山东淄博市）蒲家庄人。他出生于一个日趋没落的书香之家，父亲是一名童生，因家贫而弃学从商。蒲松龄和士人一样热衷功名，十九岁参加科举考试，在县、府、道曾考过三个第一，名扬乡里。但在更重要的决定其人生命运的乡试中屡试不第，到五十多岁仍未考取功名。直到七十二岁才援例出贡，补了一个岁贡生，四年后便去世了。蒲松龄一生家境贫寒，可谓穷困潦倒，"其居惟农场老屋三间，旷无四壁，小树丛丛，蓬蒿满之"。在他三十一岁那年，应朋友之请，到江苏省宝应县做了一年的幕僚，在幕僚生涯中，他亲身体验到了官场的生活，次年便辞职了。

对自己如此坎坷的一生，蒲松龄在《示弟》中无奈地写道："吾家家道之落寞，如登危山悬高索，手不敢移，足不能（踩），稍稍不矜持，下陷无底壑。"很显然，蒲松龄的一生虽穷困不济，但对功名的追求也经历了奋斗、希望、失望、再奋斗、再失望，直到绝望的过程。在这个过程中，蒲松龄的心理发生着巨大变化，他不得不从一次一次的科举考试失败中思考自己的命运，进而把自己的人生沧桑放到整个社会现实中，去做更深入的灵魂拷问。生活在他周围的各阶层人物，

① 陈昌恒、周禾主编《聊斋志异全本译赏》，武汉出版社，1993，第 838~840 页。
② 陈昌恒、周禾主编《聊斋志异全本译赏》，武汉出版社，1993，第 1080~1082 页。

上至官僚缙绅、举子名士，下至农夫村姑、婢妾娼妓、赌徒恶棍、僧道术士等人的种种表现更加丰富了蒲松龄对现实世界的思考，使之对社会现实的深思进而内化成心理上的忧愤，并通过创作《聊斋志异》而发泄出来。

与蒲松龄截然相反，纪晓岚的人生是千万学子无比羡慕和企盼的。他生于雍正二年（1724），乾隆十二年举顺天乡试第一名，正如朱珪在《祭文》中所言："公少英特，弃武试文，博学奇葩，遂冠其军。丁卯之秋，骈骊万言，两相赏奇，褒然榜元。"乾隆十九年，又应礼部会试，中二甲第四名，同进士及第，选庶吉士。科举的成功预示着读书人将步入仕途，获取功名，社会地位会随之提高。果然，纪晓岚在其后的人生中，凭着自己的才学和智慧博得乾隆皇帝的青睐，入翰林、出学政、掌都察院、任兵部礼部尚书、任总纂官直到协办大学士。虽其间因漏言获罪谪戍乌鲁木齐，但很快得到了乾隆皇帝的赦免，并委以重任。从其晚年创作《阅微草堂笔记》来看，纪晓岚的短暂的戍边生活对其人生影响很大，使其对人生价值观和所服务的官僚机构作了多层面的思考，极大地丰富了其人生阅历。

纪晓岚仕途的相对顺遂促使他积极维护封建体制，但其所处环境的恶劣又促使他对封建统治集团及其社会、政治、思想制度中的不合理成分作出相应的批判。虽然有所批判，却不彻底，他只能借《阅微草堂笔记》来尽"劝惩"社会的一己之责。所以，他笔下的贪官污吏和邪奸之徒只是受到因果报应而未受到现实法律的惩罚制裁。《滦阳消夏录》（卷五）中说张福以贩运为业，因争路与当地富豪发生冲突，被富豪的手下恶仆推到河中，头骨摔裂，张福被人救上岸来，已奄奄一息。案子到了官府，迟迟不能解决，张福知富豪买通官府，自己冤屈不好伸张，就私下托人找富豪说：只要他答应我死后照顾我老母，就说自己跌入河中，不是富豪奴仆所为。富豪满口答应，张福在官府撤了案，不久死亡。但富豪根本没有信守诺言，张福的母亲也多次到官府控告，富豪最终没有受到法律的处罚。不久，这名富豪醉酒夜行，其乘骑的马突然受惊，把他摔到河里淹死，乡人都称这名富豪是因张福得了报应。①

《如是我闻》（卷四）中，纪晓岚记录其学生汪辉祖几则办案实例，故事中那些靠"师爷"为生的叶某等人的遭遇无不体现着善恶相报的民间世俗大众心理，读之对人是一种警示。这使我们看到，这些恶人的所作所为是有其社会原因的，

---

① （清）纪昀：《阅微草堂笔记》，天津古籍出版社，1994，第84~85页。

是当时腐败现象的具体反映，但纪晓岚对造成这种现象的社会制度并不像蒲松龄那样，强烈地予以批判和揭露，他只希望，身在其中的人们从因果报应的活生生的现实事例中得到教化。纪晓岚虽为官宦，但对周围官员间的尔虞我诈、相互倾轧、排挤的现象也只是做客观描述。如《滦阳消夏录》（卷三）中记录的那名审判官白日做梦一样。纪晓岚对下层平民百姓虽同情，但没有为其大声疾呼、为小民立传的勇气。他笔下的妇女形象郭六等无不说明这一点。

应该说，纪晓岚的心理是矛盾的，在维护封建伦理道德观念上，他极力维护封建专制统治，但是他看到了这种制度中很多不合理的问题。他为了改变某些现状，试图用自己的言论来警示劝诫教育人们应有所觉悟，使那些恶劣行为得以终止，使自己所极力维护的制度和思想更加合理长久。在《阅微草堂笔记》中，类似篇幅随处可见。《滦阳消夏录》（卷一）中，他对官吏的不作为进行了讽劝，劝诫各级官员既拿朝廷俸禄，就应为百姓办事。"设官以治民，下至驿臣闸官，皆有利弊之当理。但不要钱即为好官，植木偶于堂，并水不饮，不更胜公乎，在其位，得其政，官员无所作为，与木偶何异！"

在纪晓岚看来，人们有时能自欺欺人却蒙骗不了神明，他在《如是我闻》（卷四）中写道："人可欺，神则难欺。人有党，神则无党。人间之曲弥甚，则地下之伸弥畅，今日之纵横如志者，皆十年外业镜前觳觫对簿者也。"侥幸阳间逃脱处罚，阴间也记了你的恶账，教化色彩之浓溢于言表。

很显然，按照封建观念来看，同为读书人，蒲松龄和纪晓岚的人生境遇差距很大，以封建社会读书人所期待的仕途功名论，二者是逆境和顺境的两个典型代表。相比之下，和他们同处一个朝代的袁枚的人生经历则富有传奇色彩，论仕途功名，袁枚比蒲松龄幸运，袁枚生于清康熙五十五年（1716），二十四岁中进士，任翰林院庶吉士，后任潭水知县、江宁知县，三十三岁时，从县官任辞职归隐。因其中途辞官，最终不如纪晓岚官至礼部尚书、协办大学士显赫。袁枚一生喜好甚多，如好美食、好色、好草屋、好游、好友、好花竹泉名、好名人字画和藏书。正是兴趣使他而立之年后悟得"不愿为大官为奴"，毅然辞职，以三百两银子购得小仓山随园，在那里度过了近五十年逍遥快活的生活，也为后人留下了《随园诗话》《随园食单》《子不语》《续子不语》《小仓山房诗文集》《小仓山房尺牍》《袁太史稿》等著作。

因为有这样的人生经历，袁枚创作《子不语》虽志怪、志异、志人，但其创作的主题、表达的题旨既不同于蒲松龄的"孤愤"，也不同于纪晓岚的"劝惩"，而是个人"心性"的一种自觉的表达。这与他主张的诗论观点相一致，他认为诗必须有诗人不失赤子心的"真我"，反对儒家传统诗论，甚至认为艳诗可作，他的这一诗论为清代诗坛带来一股清新之风，对扫除拟古之作有积极作用。袁枚创作《子不语》的主旨，和他的诗论有一定的关联，在于陶冶性情，用于自娱和娱人。正如他在《子不语》自序中所称："文史外无以自娱，乃广采游心骇耳之事，妄言妄听，记而存之，以妄驱庸，以骇起惰。正流文史，正襟危坐，讲得人中规中矩，缺少活力，不能愉悦人心。"

圣人不语"怪、乱、力、神"，我则拿来妄听妄言，说些正史正论以外的故事，也许能净化心灵，驱散庸惰。于己于人至少给心灵带来某种程度的解放。在他笔下，那些道貌岸然的"假道士""假偶像"，无地自容。《鸠人取香火》中的那个道士是地地道道的骗子，其骗术竟然是草菅人命的害人之法。道士为招揽香客，骗一无赖先喝下毒酒，再激其辱骂圣帝像，结果无赖开口大骂，不一会儿就七窍流血而死。道士乘机蛊惑不知情的民众，说是圣帝显灵，从此这个庙里香火大盛。这无疑是对人破除迷信心理的一种启蒙，志在启迪人们解放麻木的神经。

有研究袁枚者提出，袁枚作品多以"恶"作为描写对象，《子不语》中很多篇幅展现了"人性中的恶"。这是由袁枚的家庭背景和他的人生经历造成的。袁枚的先世祖先中有许多人仕宦出身。曾祖父做过布政使这样的地方大员。至其祖父已家道中落，身为文学家的父亲袁滨也未能使家业中兴，生活局面更难支撑，袁枚靠其母章氏抚养成人。章氏爱好诗词歌赋，其心性极高，但贫困艰难使她的心灵常常受到各种各样"恶"的伤害，其对于人性的恶、道德的恶、社会的恶的体会，已经影响到尚在童年时期的袁枚，对此，袁枚在《子不语》中作了各种各样的描写。再者，袁枚曾为地方知县，因职业关系，他要断案折狱，与暴力、阴谋、沦丧等社会阴暗面广泛接触，形形色色的具体案例在他的头脑中徘徊，他对这些"恶"的东西既有抽象的认识，又有具体的感观。

袁枚从小到老，耳闻目睹了很多女性所经历的不幸，对他心灵的触动非常大。姨母能诗，所嫁非人，因此饱受痛苦，这使他难以忘怀。袁枚的三妹素文的不幸婚姻及早逝，激起袁枚无限愤慨。祖母给他讲述的孙秀姑，早寡，为邻家豪绅猥亵、威逼、凌辱而自尽的悲惨遭遇，激起袁枚无限的同情，袁枚据此创作《尸香》一篇编入《子不语》中。这些传统道德中的虚伪，不近人情的东西，其实是披着传统道德外衣的"恶"，以致他靠奋斗取得的功名，被自己毫不留情地放弃，三十三岁即辞官不做，他试图从心灵上抛却传统道学的虚伪，从中求得自由和纯净。这与他所受传统伦理道德观念的教育形成了一个鲜明的对照。因此，他不断拷问灵魂，深深感到，孔圣之道不讲怪力乱神，可是，人们每天不都处在其中吗？哪一天发生的事不与此有关！这些都为袁枚创作主旨观念的形成创造了条件。

二　作品内容来源于社会现实

"文学即人学"，任何文学作品都是社会现实的艺术表现形式。从《聊斋志异》到《阅微草堂笔记》或者《子不语》，无一例外地揭示了当时社会的政治、经济、文化制度以及风俗民情的种种现象及其思想根源。三部作品内容和题材的选择大同小异，以鬼狐怪异为创作元素。他们之所以选择这些内容，直接原因在于避免受到"文字狱"的迫害，主观上"借鬼狐以抒己志"，是对其所处的生存环境的一种反叛式的思考。

清代三位志怪作家的创作行为反映了清代文化思想专制制度。清代康、雍、乾三朝，统治者为了巩固其统治地位，实行文化专制，凡是不利于清朝统治的思想和言论一律封杀，大兴"文字狱"，大批无辜的文人成为文化专制的牺牲品。三朝相比，乾隆一朝最为广泛，乾隆皇帝不仅将"文字狱"的手段用来抵制知识分子（读书人）的反清思想，还用于对付各级官吏，使其思想屈服于皇权的绝对统治之下，唯皇命是从。

史料记载，自顺治到乾隆四朝发生的文字狱近百起。比较著名的如康熙二年（1663）"明史案"，雍正六年（1728）"曾静案"，乾隆四十二年"字贯案"以及乾隆四十六年（1781）"尹嘉铨案"。清朝统治者企图以此恐吓一切读书人，使之绝对服从其专制统治，不能有丝毫怀疑和不满情绪，促使读书人成为清朝统治者的奴才。除了制裁读书人，清朝统治者还在全国各地实行大规模搜缴各种被认为不利于其统治的书籍，禁毁各类反清或"异端悖逆"的书籍。乾隆年间，据不完全统计，毁书近 3000 种，六七万部以上，几乎与《四库全书》所收的书籍相等（3470 种 7081 卷）。"文字狱"的猖獗，使广大读书人和官员人人自危，对有碍清统治的历史、学问不敢研究，更不敢对朝政有所评论。对此，梁启超曾言："文字狱颇兴，学者渐惴惴不自保，凡学术之触时讳者，不敢相讲习。"（《清代文字狱档案》第七辑）

在文化专制的氛围之下，为官为民，均有被统治阶级治罪的可能。纪晓岚曾历经文字狱之险，乾隆三十九年（1774）九月，盐山县王珣遣其兄王琦进京，投递字帖于户部右侍郎金简。内含诗文三本，"颇多狂诞悖逆"之词。其供单中有"我祖上有觇仙的字围屏十扇，是觇仙所写。上写《滕王阁赋》，……还有'神鬼咸钦'四个字。因有翰林纪昀的是献县人，我平素慕他才学，又当日讲鸾时，觇仙有云：'纪翰林与王珣是圣门弟子。纪昀是子贡转世，王珣是颜回转世'之语，我想如今纪做了翰林，遂欲将仙书仙字给他"等语（选自《清代文字狱档案》第七辑）。乾隆大怒，下谕将王珣立即处斩，其兄王琦发往乌鲁木齐为奴。纪晓岚险遭不测，尽管如此，纪晓岚仍胆战心惊。

蒲松龄、袁枚虽没有纪晓岚这样的经历，但对文字狱的理解和惊惧不言而喻。他们时时处于社会责任和自保生命的两难选择中，为了表达思想，他们利用"借物讽事"的艺术方法，以鬼喻人，说鬼事以隐喻世间事，借鬼道思人情世故，意在警醒世人。

文化专制、思想钳制，使得很多有觉悟的知识分子对其所处的各种政治、社会制度中的不合理因素予以思考。清代三部寓言式的鬼狐怪异小说以不同的手法和表现手段，不同程度地对诸如理学（封建传统道德伦理观念）的虚伪、科举制度弊端、官场黑暗腐败、下层民众的悲惨境遇等方面进行揭露和批判。关于对理学和封建礼教的不满，尽管袁枚在《随园诗话》中说"竞尊汉儒，排击宋儒，几乎南北皆是矣"，但是，与纪晓岚相比，袁枚对汉宋两学都很排斥，纪晓岚则抑宋扬汉。袁枚在《麒麟喝冤》中批判汉儒"造作注疏，穿凿附会"，而说宋儒则以"稻桶（道统）"捆缚聪明之人，极其反对宋儒主张"存天理，灭人欲"的礼教，在《替鬼作媒》中赞同寡妇改嫁，以《滔滔二罪冥责甚轻》为"妇女失节者"辩护。

为了比较汉儒和宋儒，纪晓岚在《滦阳消夏录》卷一中讲了一个"经香阁"的故事，来说明汉儒宋儒的得失，肯定汉学的经世致用价值，而讽刺宋之理学的空谈无用。纪晓岚这种学术思想，也与乾嘉时期考据学的兴起有关。清代乾嘉年间的学者崇尚注重训诂考据之风，形成了与宋学相对的"乾嘉学派"，也称"汉学"。该学派治学严谨，对文字训诂，古籍整理，辑佚辩伪，考据注释等，都有较大的贡献。与纪晓岚关系密切的当世名流戴震、周永年、钱大昕、朱筠等人均属于该学派。

在揭露封建统治道德伦理观念的虚伪性上，纪晓岚和袁枚、蒲松龄三者存在较大的一致性，如前所述，袁枚为妇女请命、同情寡妇的行为言论，纪晓岚也有相类似言行。纪晓岚上书皇帝，为"妇女遭强奸而被杀者，请旌表"，指出伏查定例，凡妇女强奸不从因而被杀者，皆准旌表。那些猝遭强暴，力不能支，捆缚搀抑，竟被奸污者，虽始终不屈，仍复见戕，则例不旌表，是不合理的，这样的妇女也应旌表。不仅如此，纪晓岚还同情如"菜人"一样的妇女。蒲松龄反对封建礼教，索性饱含深情，大胆用笔，描写了一个个追求自由爱情幸福的艺术形象。

纪晓岚在为官生涯中，虽多次做主考或同考官，但对科举制度的褒或贬很少论及，在《阅微草堂笔记》中几乎看不到纪晓岚对科举制度弊端的揭示。蒲松龄和袁枚则从不同角度对科举制度的不合理因素做了批评。蒲松龄深受科举制度所害，对其有切肤之痛，他痛斥科举制度埋没人才，误人子弟。蒲松龄还刻画了被封建科举制度毒害之深、心灵扭曲的读书人的形象。同时，蒲松龄还揭示了科举弊端的社会原因。《胡四娘》写胡四娘嫁给穷书生程孝思，程生应试不第、寄人篱下时，四娘备受家中姐妹的奚落和冷眼。而当程生一日"高中"，四娘顿时身价倍增，真是"申贺者，捉坐者，寒暄者，喧杂满屋。耳有听，听四娘；目有视，视四娘；口有道，道四娘也"。中举前后呈现出两种完全相反的人情世态，人们已陷于科举制度的负面影响之中，"花面连迎人性如鬼"的庸俗之风充斥社会。

袁枚认为八股取士扼杀人的本性，八股文不能表现作者的个性，更不能带来精神心灵的愉悦。科举制度与袁枚的性灵诗论存在矛盾。如果读书人被科举制度所奴役，则会危及心灵的完美成熟。所以，他在《子不语》中，对科举制度的诸多弊端也作了调侃和讥讽。《地藏王接客》《秀民册》抨击八股文体。《李倬》写某督学受贿三千就黜落了一位有才华的秀才，致使秀才忧愤而死。还有《陈州考院》鞭挞了一个奸杀仆妇、极其残忍的科举中人。《李生遇狐》则讲述李生与狐女相爱，狐女才华横溢，受教李生填词作诗。只要一提及八股文，狐女就十分不屑，说"此事无关学问"。从这些故事看，袁枚对科举制度及其内容八股取士大多是持否定态度的。

难能可贵的是，作为封建社会中的一员，蒲松龄、纪晓岚和袁枚都对其所生存的社会中的阴暗面予以揭露，敢于对现存制度不满的地方提出质疑，因而，他们也就成为那个时代的启蒙者。

蒲松龄揭露社会，大胆用笔，谴责贪官污吏、恶霸豪绅的罪行，毫不留情地抨击黑暗的封建官僚政治。《席方平》一文，通过描写席方平赴阴司替父申冤而惨遭非人折磨的故事，实则影射现实社会中整个官僚机构的腐败与黑暗。阴司的官吏，从城隍、冥司到冥王，都是贪赃枉法之徒，他们接受了羊某的贿赂，极力压制席方平诉讼告状，对席滥施酷刑。其目的是维护富人的恶行，使席方平的冤屈得不到昭雪。显然席方平遭遇的阴曹地府正是人间封建衙门"有理无钱莫进来"的真实写照。恰如该篇判词所云：金光盖地，因使阎王殿上尽是阴霾，铜臭熏天，遂教枉死城中全无明。蒲松龄以《促织》抒发对封建统治者荒淫无度、不恤民命的愤慨，同样对《崔猛》中的豪绅王监生，《红玉》中的地方豪绅宋氏，《窦氏》中的地主南三复仗势欺人、横行霸道、为所欲为的罪行进行了鞭挞。

对社会现实中的黑暗和官场的腐败，一方面，纪晓岚同样敢于揭露、讽刺贪官污吏的丑恶嘴脸。比如，在《姑妄听之》（卷四）中，纪晓岚借冥司对人间进行嘲讽，指责官场恶习，将官场的潜规则概括为四救先生，即"救生不救死，救官不救民，救大不救小，救旧不救新"。具体是，救生不救死，死的已死，绝对不能再活过来，但生者还活着，把他杀了偿命就是多死一个人。所以宁可违法把他救出来，至于死者冤魂则不去管它。救官不救民针对越级上告的案子，如得以申雪，那么地方官员是祸是福就不可知了。假使不予申雪，连坐不过是发配充军。而官员判案是否公道，就没有去管了。救大不救小意思是说，把罪过推到上司身上，则权重位高的受处分也越重，而且必将牵连更多人。把罪过推到小官身上，那么责任轻的受罚也轻，且易结案。至于小官该不该顶罪则不去管它。新官刚来，可以推诿不干前任未了的事，但强迫他去干，他也没办法，至于新官能否受得了也没人去管，这是救旧不救新的原则。再如，纪晓岚将为虎作伥、借官发财得利的一些人，概括为社会中的四大恶人，一曰吏，一曰役，一曰官之亲属，一曰官之仆隶，是四种人，无官之责，有官之权。官或自顾考成，彼则唯知牟利，依附草木，怙势作威，是使人敲髓洒膏，吞声泣血。另一方面，纪晓岚对生活在社会底层的妇女和仆婢寄予无限同情。

与《聊斋志异》《子不语》相比，纪晓岚以写实笔法创作的《阅微草堂笔记》所含构的内容贯穿于社会的方方面面，读者更能从中窥测当时的社会全貌。

正如台湾学者卢锦堂在《纪昀生平及其阅微草堂笔记之贡献》一文中将《阅微草堂笔记》的内容分为二十二类。"一曰命数，凡言及富贵祸福，生死有命之事以及征应、梦兆、诗谶诸类者，皆入此。二曰占算，凡言及命相、揣骨、风水诸重预卜人事之术者，皆入此。三曰扶乩，凡言及文人与乩仙吟唱问答之事者，皆入此。四曰果报，凡言及因果报应之事者，皆入此。五曰轮回，凡记前生及来生之事者，皆入此。六曰复苏，凡言及死后复生，借尸还魂之事者，皆入此。七曰入冥，凡记生人为冥吏梦游地府以及冥判之事者，皆入此。八曰鬼魂，凡记遇鬼或生魂之事者，皆入此。九曰狐怪，凡记遇狐之事者，皆入此。十曰妖魅，凡记物妖，土偶以及其它精怪为祟之事者，皆入此。十一曰感梦，凡记祈梦、神鬼报梦以及其它异常之梦者，皆入此。十二曰神灵，凡言及神惩亵渎之人、神佑遇厄之人之事者，皆入此。十三曰异人，凡记仙人、僧尼道士，视鬼者以及山野奇民之事者，皆入此。十四曰道术，凡言及道术奇技、魇宅之术者皆入此。十五曰博物，凡言及古代文物，奇珍异玩，鸟兽虫鱼，花鸟木石与器械技巧者，皆入此。十六曰天文舆地，凡言及天候星象，天灾横祸，山川形势以及地方建置者，皆入此。十七曰医方，凡言及医理或治病良方者，皆入此。十八曰其它异闻，凡事之涉及怪异，而又琐屑难分者，并入此。十九曰狱讼，凡言及官吏断案之事，皆入此。二十曰淫佚，凡记无赖侵凌妇女或男女相淫之事者，皆入此。二十一曰遗事，凡记野乘逸闻，艺文诗话，科场旧事，男女节义之事，亲友逸事，以及其他趣闻者，皆入此。二十二曰琐语，凡通篇几为考证辩说之语者，皆入此。"

袁枚《子不语》中也有不少篇章揭露了当时社会的黑暗状况。借《阎王升殿生吞铁丸》斥责贪官，指出食千万人膏血就是食人肉，鱼肉百姓。《蒲田冤狱》写的是官场昏暗、胡乱判案的罪恶。土豪王监生贿赂县令，霸占了邻居老妇人的五亩地，并残忍地杀死了老妇人，又诬老妇人之子是凶手，后来老妇人之子也被凌迟处死。袁枚以《鬼卖缺》中"冥司事如人间"的卖官现象讽喻现实的官场黑暗。现在看来，关于封建糟粕的东西，如迷信思想、因果报应的观念，蒲松龄、纪晓岚、袁枚在各自的作品中也作了大肆渲染。

三 叙事方式服务作品主题

刘勰针对在文章中征引典故事例史实以阐明事理的问题提出"据事以类义"的命题，是说以相关的"事"来说明一定的"义"，这个"义"也可叫事理。这一文学理论对分析《聊斋志异》、《阅微草堂笔记》和《子不语》的叙事方式与主题的关系具有很强的借鉴意义。这三部以鬼狐怪异为创作题材的志异、志人小说，是我国古代比较优秀的志怪体小说，为了表达主题，作者主要采用"寓言型"的叙事方式。所谓寓言就是寄托着作者思想观念的故事，即"据事"而

"类义"。他们托狐鬼，托志怪，通过构思刻画这些故事来抒发作者的思想感情。正如鲁迅评《阅微草堂笔记》说纪晓岚"测鬼神之情状，发人间之幽微，托狐鬼以抒己见"。

因为这三部作品系短篇笔记体小说，与篇幅较长的文学作品有一定的区别。作品中篇与篇之间相互独立，没有隶属关系，除《聊斋志异》中有的篇幅塑造了比较鲜明的人物形象外，《阅微草堂笔记》和《子不语》很少留给人们鲜明的人物形象。蒲松龄在创作《聊斋志异》时吸收了传奇文学的创作笔法，因而其作品出现了一些个性比较生动鲜明的艺术形象。寓言型的叙事方式是这三部作品叙事的一般性特征，读者阅读这些作品中的故事会体会到，作者大多是言此而意在彼，故事仅是或阐述某一哲理，或揭露讽刺社会某一丑恶现象的载体。

大家熟悉的"画皮故事"就是蒲松龄奉献给人们的十分有意义的寓言故事，他描写道，太原王生被幻化为美女的厉鬼所迷惑，沉浸于梦幻遐想之中，终日神情恍惚，亲朋好友甚至那些道士劝说均不起作用，最终这位王生被"美女厉鬼"开膛破腹，挖心而死。现代影视艺人据此改编成的电影《画皮》也很有看头。其实，蒲松龄描述这个故事并不是其创作目的，其根本用意是以此故事为载体，叫人从迷惑中走出，看问题，认识事物，不能仅看到其外表或表面现象，厉鬼其形为美女，但这个外表美丽的厉鬼的真实用意则是用其变化了的美丽的外表迷惑人失去警惕进而成为自己的美餐。所以，人们在生活中一定要记住"透过现象看本质"这一生活哲理。王生没有看到这一点才导致其被害的恶果。再如揭露贪官污吏的《梦狼》，更是一篇借狼的贪婪本性来讽喻那些"如狼似虎"的官吏祸害百姓、破坏法律的丑恶嘴脸。

同样的，《阅微草堂笔记》中也有很多以"寓言型"叙事方式来表达作者思想感情的篇幅。比如，对待如何认识鬼、如何对待社会上邪恶的东西这些问题，纪晓岚在《阅微草堂笔记》中讲了很多"不怕鬼"的故事。比较典型的是许南金。《滦阳消夏录》卷六中讲道，许南金先生一天夜里与一个朋友同宿，半夜看见一个女鬼的脸从墙壁上出现，双目明如火炬，那个朋友吓得浑身战栗，而许南金却借着鬼的目光从容读书。鬼无计可施只好退去。还有一次晚上，许南金到厕所，一小童手持蜡烛跟随，先前出现的那个女鬼又从地里钻出，对许南金发笑。见此，小童扔掉蜡烛摔倒在地上。许南金拾起蜡烛放在鬼的头顶当了烛台，还用秽纸擦这个女鬼的嘴，这个女鬼狂吼数声逃走，从此，不再出现。许南金先生说：鬼魅皆真有之，亦时或见之，唯检点生平，无不可对鬼魅者，则此心自动耳。

纪晓岚通过这则故事告诉人们，在邪恶势力面前，做人正派，有所检点，什么样的鬼怪也不可怕。如此一说，世间有鬼，人们不禁要问，鬼从何来？对此，纪晓岚作了回答，鬼乃"妖由人兴"。他在《滦阳续录》（五）中讲了一个寓言故事，写某人租住在一所久无人居的空房里，并"厉声"宣布不怕鬼。鬼闻知极为愤怒，入夜前来到这里做种种凶丑行为吓唬人，某人毫不畏惧，鬼无奈只得退让乞求："汝但言一畏字，吾即去矣。"某人更为愤怒地说："实不畏汝，岂可诈言畏？任汝所为可矣！"鬼最后只好认输，奄然而灭。这个故事寓意深刻，告诫人们要认识到，狐鬼作祟，皆因人们心怀鬼胎，怕暴露真相。因而，只要人们一身正气，鬼怪即无所藏身，无计可施，自行消之。不仅鬼怪如此，其他邪恶的东西也是如此。

袁枚在《子不语》中持同样的观点，一个"怕"字使你处处遇鬼。如果怕，正像俗语称"怕什么来什么"。如袁枚在《子不语》卷十六中所描述的那样，"秀才惶急，拍棺呼曰：妹妹救我！其妻竟勃然掀棺而起，骂曰：恶鬼竟敢无礼犯我郎君耶！"挥臂打鬼，鬼踉跄逃去。还有卷二十三描写谢女不怕鬼祟，坚持追寻自己的幸福的故事："妹悦其貌，曰：我不畏鬼，如其来，我将挥刀杀之，为姊报仇。谢不得已，仍嫁与之。婚后，鬼竟寂然。"袁枚用同样的叙事方法描写一些怪事，启迪人们洗解蒙蔽在心上的尘垢。比如他劝诫人们遇事要有主见，不要盲从。讲了《误尝粪》的故事，他以众人的心态变化为线索，写他们吃了河豚之后，认为中了毒，听人说喝粪水一杯能解毒，就都跟着喝粪汤解毒，事后知道只是一场误会，都后悔吐青了肠子。故事中人的可怜之处，在于不用脑子思考辨别，而是盲从跟风，最终苦了自己。

寓言型叙事方式的特点主要表现在虚构性和寄托性上，实现作者表达思想感情、寄托教益劝诫的创作目的。基于此，蒲松龄、纪晓岚和袁枚运用寓言型叙事方式是为了深刻表达自己或忧愤或劝惩或讽刺的思想感情，直接为创作主题服务。

综观三部作品，在采用寓言型叙事方式的过程中，作者运用了一定技巧，虚构一个世界来反映现实社会；交代结果再叙述原因，叫人在因果报应的世俗心理中警示自己；纯粹描述鬼狐世界来折射现实，或者以狐妖鬼神的视角来评判世间人情冷暖和善恶。为了使人们相信自己创作的内容，创作者常常使用直述或转述的方式，使读者感到作者是在讲事实，而不是杜撰。

细读三部作品，读者还会体会到，在叙事主体上，作者有时出现在作品中成了第一人称的叙事者，有时隐蔽在作品之外，故事则完全以第三人称叙事。在文学理论中，第三人称叙事被称为"全知叙事"或"全知全能式叙事"，这是一种传统的叙事方法，叙述人无所不知，只管按着自己的意图叙事，不管其他。而第一人称叙事，有学者称"限知叙事"。作品中叙事者是"我"，"我"不是作者自己，"我"可以是事件中参与者，"我"叙述自己所知之事，而不能叙述不知之事，与第三人称叙事比起来不够灵活自由，但增加了叙事的可信度和真实感。

最有趣的是，蒲松龄在《聊斋志异》、纪晓岚在《阅微草堂笔记》中还将第一人称叙事和第三人称叙事巧妙地结合起来，增加了作品的感染力和说服力。

关于叙事方式，还值得一提的是实笔和虚笔，也就是人们现在常提的写实和虚构。因为对文学的观点不同，在这一点上，三位作家也表现出很多差异，纪晓岚自称"著书者之笔"，而蒲松龄是"才子之笔"。因此，纪晓岚整部《阅微草堂笔记》几乎都是写实的，其中的人名、地名、故事均有据可查，加之大量的观点也以议论和评论的方式表现在每个篇幅中，足以说明纪晓岚创作的写实风格。而蒲松龄在很多篇幅的尾处虽借"异史氏"之口对文章所描写的故事予以评价一番，但是，其"才子之笔"的虚构特性，决定了蒲松龄创作的浪漫性，为读者的想象提供了很大空间。袁枚因主张"性灵"诗说，以反映人的自然天性为创作目的，故在用笔上比较随意自由，率性自然。鲁迅谓其"屏去雕饰，反近自然"。

四 研习传统文化，应立足于文史哲价值

对古典文学作品的学习研究，要立足于作品所蕴含的文史哲价值。这是因为，在我国古代悠久的文化发展过程中，形成了文史哲不分的文化渊源。诗词歌赋、史学文论等文化体裁，对历史、文学和哲学的观念都有所体现，但具体的独立的文学、史学和哲学著作很少。一般情况下，一部作品史中有文，文中有史，文史蕴含着中华民族的人生、政治和社会哲学。有的文学家集史学家、哲学家于一身。司马迁的《史记》既是一部编年体史书，更是一部人物传记文学史。读《史记》，你仿佛掀开一幅历史画卷，仿佛一个个伟大历史人物正向你走来。你既能体味到司马迁那激扬文字、潇洒风流的史笔之妙，又能感觉到如同品尝文学大餐后的淋

漓畅快。再如"唐宋八大家"之一的苏轼，他在豪放中将历史上有名的赤壁之战演绎成悲壮美丽的词篇，后人读之如同听到当年百万雄兵的威武之声。说到哲学，有人认为，我国古代没有哲学，但是翻开以文论为表现形式的诸子名篇，哪一篇不闪烁着我国传统人生哲学的智慧之光，这是古典文化的一般审美标准。从文学的内在特点即作家创作规律来看，我们也能意识到，某一历史时期的文学作品所具有的艺术价值，也就是该作品的史学、文学和哲学价值。

我们知道，任何作家创作作品都不是凭空臆造，其创作的源泉是其所生活的社会现实，作家笔下的作品是作家经过思考分析，融入自己感情的艺术化的社会现实。任何一部作品都会留下其生活时代的社会现实的印迹。同时，因为每部作品都蕴含着作家一定的思想观念和创作情感，所以任何一部作品都会留下作者对社会制度、政治制度和经济制度的情感或心理及其由此而形成的系统化的思想观念和哲学观点。一般情况下，学习研究一部作品或某个作家的全部作品，我们就会领略到作家所处历史时期的人文历史、社会风貌、哲学思想。

基于这一点浅显的认识，笔者在学习研究清代以鬼狐怪异为题材的三部笔记体小说《聊斋志异》《阅微草堂笔记》《子不语》时，也注重挖掘作品中所包含的文学、史学和哲学价值。正如鲁迅先生评论《阅微草堂笔记》那样，"测鬼神之情状，发人间之幽微，托狐鬼以抒己见"。以此，我们通过研究这三部作品中的鬼神之情状，而深刻分析人间之幽微，即三位作者所处的康熙到嘉庆年间的社会现实状况；通过研究作者对鬼神世界的刻画描写，来鉴赏作者创作的艺术特色和艺术价值；通过研究作者作品中的一些议论，体味作者所持的历史观和哲学观。

从史学价值考虑，按照蒲松龄创作《聊斋志异》、纪晓岚创作《阅微草堂笔记》、袁枚创作《子不语》的时间来看，《聊斋志异》成书于康熙年间，《阅微草堂笔记》和《子不语》创作于乾隆末年到嘉庆初年，这一时间跨度，经历了清朝稳定到康乾盛世再到其逐渐走下坡路近百余年的历史时期。这一历史时期的社会制度、经济制度、文化思想制度等都在他们的作品中得到表现。蒲松龄、纪晓岚、袁枚作为文人，深知其服务的朝廷实行文化专制制度，严厉镇压反清思想和言论，大兴文字狱，但他们又都是那一历史时期的文化自觉者，对其所处社会的各项制度的不合理现象有着自己的看法，但又不能自由地表达出来，只能将思想认识寄寓在狐鬼怪异世界中，以表达自己的理想和希望。这一创作动机和方法本身就是作家所处时代的文化历史背景的一个反映。

再如，三部作品对科举制度愚弄毒害读书人的不合理方面作了形象化的描述，这在《聊斋志异》和《子不语》中篇幅较多。又如，对统治阶级集团内部即官场的相互倾轧，尔虞我诈，吏治腐败，司法狱治黑暗，《聊斋志异》《阅微草堂笔记》《子不语》均以很多篇幅，用笔嘲讽、言语犀利地作了揭露。同时对其所服务的朝廷倡导的封建伦理道德观念即理学也作了描述和分析。一言以蔽之，这三部作品对这一百余年的历史时期所呈现的种种社会现象作了描述，加上三位作家或隐或显的文中评论，对于读者了解那一历史时期的社会风貌将起到指引作用。

《聊斋志异》《阅微草堂笔记》《子不语》均使读者看到反对封建主义的多元语素。如纪晓岚对社会底层者的命运予以关注，他用很多篇章反映了下层百姓（如奴婢、妇女等）的生活状况及其某些愿望和要求，对造成这种不平等局面的某些社会不合理制度提出自己的修正意见。袁枚在《子不语》中主张人的自然性情，反映了他对程朱理学和封建礼教的不满，如用《淫谄二罪某责甚轻》为妇女失节者辩护，以《全姑》的故事让人看到一对年轻的恋人是如何被一个信奉理学的官僚置于死地的。

在此基础上，把《聊斋志异》《阅微草堂笔记》《子不语》放到中国古代文学史中去学习研究，尤其对丰富志怪文学史和笔记文学史内容具有重要意义。

白《聊斋志异》、《阅微草堂笔记》和《子不语》问世以来，很多研究者和读者将三部作品归入小说类文学作品，也对三部作品的文学艺术价值和成就进行了分析研究，并给予很高的评价。他们普遍认为，三部作品虽所选题材属于同类，但在创作手法、叙事方式、语言表达方式、细节描写等艺术方面存在较大的差别。纪晓岚对自己的《阅微草堂笔记》冠以"著书者之笔"，而对《聊斋志异》称为"才子之笔"。鲁迅在《中国小说史略》中简要概括了这三部作品的主要写作特点，指出《子不语》文"屏去雕饰，反近自然，然过于率意，亦多芜秽，自题'戏编'得其实矣。鲁迅还说《聊斋志异》描写委曲，叙次井然，用传奇法而以志怪，变幻之状，如在目前，又或是调改弦，别叙畸人异行，出于幻域，顿入人间，偶述琐闻，亦多简洁，故读者耳目，为之一新。与《聊斋志异》相比，鲁迅认为《阅微草堂笔记》唯纪昀本长文笔，多见秘书，又方襟怀夷旷，故凡测鬼神之情状，发人间之幽微，托狐鬼以抒己见者，隽思妙语，时足解颐，间杂考辨，亦有灼见。叙述复雍容淡雅，天趣盎然，故后来无人能奇其席，因非仅借位高众望以传矣。

很显然，鲁迅的评论比较具有原则性，其后的研究者对此进行了具体深入的分析和思考。如齐裕焜主编的《中国古代小说演变史》中对《聊斋志异》和《阅微草堂笔记》的艺术成就做了比较研究。他从不同角度进行论述，认为《聊斋志异》最重要的艺术成就在于人物刻画，很多性格鲜明、色彩特异的人物形象在读者心中留下了深刻印象。为了刻画人物形象，作者运用想象和拟人化手法，托物写人，使那些由花妖狐鬼幻化的女子既有作为动物的自然属性、精怪的神性，又具有人的思想感情和性格特征。她们不受生活环境的限制，不受时空的束缚，拥有超凡入圣的神力，她们往往是人性、物性以及超现实的神性、妖性的嵌合体。如《黄英》中的菊精黄英，是马子才的妻子，爱菊、种菊、贩菊，一如常人，直到她弟弟陶生因醉酒化为菊花，才露出原形。在塑造人物形象上，作者注重人物的个性化，以突出人物性格的鲜明独特、与众不同。为此，作者采用多种艺术手段来刻画人物，以人物生活环境中最生动、最富生活气息、最有表现力的情节和细节作为背景，突出人物性格。像比较迂讷的孙子楚、痴情的乔生、爱石成癖的邢云飞、爱书成痴的郎玉柱等都是如此。作家善于运用对照烘托的艺术手法创造人物。《香玉》描写了两个人物——香玉和绛雪，二人均是花精树妖，都爱黄生，但作者对其细微之处进行了对比，将"一个热情风流，一个冷静持重"的性格差异描写出来。《葛巾》则以玉版来衬托，将葛巾的含而不露、温柔蕴藉的性格特点表现出来。大家熟悉的《胭脂》和《姊妹易嫁》也都是如此。在人物刻画上，作者比较注重细节描写以使人物更加立体，更加血肉丰满。

作品在情节结构安排上，突出神奇虚幻的特点，充满着浪漫主义的写作特点。谋篇布局以"奇"取胜，讲求情节曲折多变，富有戏剧性。像《阿宝》《窦氏》《向果》等篇就富有浓重神奇色彩的故事情节。《胭脂》从矛盾冲突由王氏引起到绣鞋的变故再到冤案最终真相大白，情节悬念迭生，人物关系复杂，读来惊心动魄，戏剧效果比较明显。

在语言特征上，蒲松龄用简洁精练的语言文字表现丰富、深湛的内容，达到很高的境界。如《红玉》篇开头有这样一段："一夜，相如坐月下，忽见东邻女自墙上来窥。视之，美。近之，微笑。招以手，不来，亦不去。"寥寥三十二个字，就把冯相如和红玉月夜初逢，一见钟情，彼此默默无言却又心心相印的内心活动描写得恰到好处。再如《婴宁》中写婴宁和王子服对话的场面，"我不惯与生人睡，大哥欲与我共寝"，不仅突出了婴宁天真活泼、憨直纯洁的性格，而且在艺术上也收到了因痴成巧、憨话变成妙语的美学效果等。

对《阅微草堂笔记》，《中国古代小说演变史》则认为，其存在议论说教过多、结构松散、人物形象苍白等弱点。因此作品多数只能算是杂记或小说的素材，其艺术成就是远逊于《聊斋志异》的。《阅微草堂笔记》在艺术上的成就主要表现在它的语言上，作者记言叙事，简洁流畅，平易自然，却能于平淡中暗藏机锋，饱含情致。如卷十一有一则写一位"须发皓然，时咯咯作嗽"的老翁打虎的经过："老翁手一短柄斧，纵八九寸，横半之，奋臂屹立。虎扑至，侧首让之。虎自顶上跃过，已血流仆地。视之，自颔下至尾闾，皆触斧裂矣。"简洁老练、平淡冷静的语言中饱含着作者对打虎老翁惊人的勇敢和技艺的钦服和赞颂之情。《中国古代小说演变史》同时指出，《阅微草堂笔记》还具有议论精当、鞭辟入里的特点。由于纪晓岚有意识地把议论与作品的内容融为一体，加之其经历丰富，阅世较深，知识渊博，论事又每每注意入情入理，因而许多议论亦能深入浅出，不仅能起到开掘题材、加深主题的作用，而且能给人以哲理的启迪。显然，对《聊斋志异》和《阅微草堂笔记》艺术上的成就，《中国古代小说演变史》是扬蒲抑纪的。

在对二者的比较分析上，把二者放到同等艺术成就上的学者也不少，如吴波教授在其《阅微草堂笔记研究》中说："《阅微草堂笔记》与《聊斋志异》同为中国古代文言小说的优秀之作。如果说，中国古代文言小说的发展形如无数峰峦组成的山脉的话，那么《阅微草堂笔记》与《聊斋志异》便是两座并峙高耸的峰巅，它们分别代表着文言笔记与传奇小说的最高成就，而且这两部小说的关系也比较密切。"在得出这一研究结论后，吴波教授又以"劝惩遣怀"之作与"孤愤"之书，士大夫的"文化情结"与落魄书生的"平民意识"以及"著书者之笔"与"才子之笔"为题，将二者进行了比较，得出蒲松龄和纪晓岚在创作意旨、创作意识以及创作艺术方法等方面均存在较大差异。如在小说创作上，《阅微草堂笔记》以结构单一、线索明晰、状物写景、简洁精练传神见长；《聊斋志异》则以结构复杂、线索纵横交错、状物写景浓墨重彩而取胜。在表现文章的主题方面，论理是《阅微草堂笔记》的主要特色之一，围绕所要表达的中心思想作文章，其结构模式一般是：或开门见山提出所要表达的"意旨"，然后再对某一故事以说明；或者先转述某人讲的一个故事，再由作者本人或他人加以总结，归纳或演绎其中的思想主题。与此不同的是，蒲松龄尽量做到隐讳其"旨"，将其寄托寓意巧妙地通过情节及人物的刻画"自然而然地流露出来"，既表达了作者所欲表达的思想，又在行文中不露痕迹。吴波认为，研究《阅微草堂笔记》与《聊斋志异》的差异，关键是要从创作主体差异的角度发掘两者精神内涵的差别，只有这样才能把握问题的实质。

笔者认为，"扬蒲抑纪"或者"扬纪抑蒲"，都是以某方面特别是艺术因素或者思想政治因素作标准。随着时代的进步，当下的文化态度呈多元化形态，任何人都可按照自己的想法欣赏这些文化成果。

对于袁枚，人们多从其诗论的观点研究《子不语》的文学艺术成就，大多认为，《子不语》在写法上用笔清新自然，朴实无华，自然流畅；在结构上表现为章法多变，情节曲折跌宕，一波三折。如《子不语》卷二中描写叶老脱一夜制服四鬼的故事，叶老脱住进无人敢住的旅店，半夜三更时分，四个面目狰狞、恐怖各异的鬼发现有人的生气，继而寻人欲吃，但叶老脱大声应对，大声嘲笑，四鬼无奈，败下阵去。读者会随情节的变化，经过由担忧、不安、惊恐到好奇、松口气、庆幸而佩服的转变。

在简要介绍了对三部作品的史学价值和文学价值后，我们再介绍其所蕴含的哲学价值。如前所述，我国古代文化中，文史哲不分，无论创作者的出身、经历如何，他们都借自己的作品来表达哲学思想。就前面论及的三部作品而言，因为创作方法的不同，《阅微草堂笔记》和《子不语》所涵容的哲学意味就浓于《聊斋志异》。读前面两部作品，很容易看出作者对某一问题的认识和判断，而阅读后者，则要从文章的故事情节和人物表现来探明作者的意图。尽管有这一点差异，但是这三部以鬼狐怪异为题材的文言小说所蕴含的哲学问题值得后人研究学习。他们描述大量的"鬼神情状"实为其所感发的"人间之幽微"，他们寄寓鬼狐之情之言实为"抒己之见"。

三部笔记小说的作者作为被封建社会伦理道德观念熏陶的士人，或文或官，无时无刻不对其所尊崇和捍卫的信仰即封建伦理道德观念影响下的现实生活中所存在的不合理因素和非人性化的表现予以深刻思考。封建伦理观念要求仁德爱人，但周围的人和事都非仁非爱，看到的是与道德背道而驰的假、恶、丑的东西，现实的表现与其内心长期形成的道德观念发生了矛盾，他们从这些现实的事物出发，分析原因症结所在。

蒲松龄、纪晓岚、袁枚似乎都意识到最底层民众的不公正、不平等的命运。他们首先为妇女呐喊，描写妇女所受到的"三从四德"观念的愚弄和压榨，为那些敢于抗争的妇女立传存照。蒲松龄用大量篇幅描写自由幸福的爱情婚姻。纪晓岚以实际行动为"被缚遭强暴而被杀的妇女"请予旌表。《阅微草堂笔记》塑造了很多（如淮镇郭六、青县村妇追求自由幸福、节孝节义）美好形象。袁枚也用很多笔墨描写鬼仙助情郎（《子不语》卷二十）和鬼妻护丈夫（《子不语》卷十六）的情爱故事。除了对妇女问题的描述和论评外，对下层奴婢的生活也有所涉及。

他们之所以以此为描写对象，笔者认为，其意在表明自己对不平等社会关系和人的主体地位、独立人格问题的反思。赋予自己一种社会责任的担当，无疑是那个时代的先觉者、启蒙者。

笔者还认为，蒲松龄、纪晓岚、袁枚以鬼神狐怪为创作素材，揭示社会现实，除了清代文化思想专制制度因素外，"异化"问题也是他们创作的一大动因。三位清代作家创造了狐鬼怪异世界，来映射社会现实的种种现象，人可以成为狐鬼，狐鬼也可幻化成人，事实上，人不是狐鬼，狐鬼更不能是人，是人的心灵深处有了"鬼"，随之，人的行为也披上了"鬼衣"，这就是他们在作品中所要表达的"人的异化"问题。纪晓岚笔下的那些以"瞒骗哄诈"为能事的道士、僧人、喇嘛、贪官污吏等人，哪一个不是让私欲异化的"鬼"。

从这些作品中，我们还看到古人朴素的辩证法和科学思想，如纪晓岚《阅微草堂笔记》卷二十四中讲了"河中石兽"的故事，告诫人们认识、对待事物要通过现象看本质，尊重科学，不能主观臆断，不能凭猜测或者凭经验行事。袁枚则在《子不语》卷二中为人们描述了算命先生自欺欺人终被罚的过程，意在告诉世人"多行不义必自毙"的人生哲理。

在对待古代文化上，我们必须按照历史唯物主义的认识论，坚持"古为今用、推陈出新"，"取其精华、去其糟粕"的方法论，不能因为《聊斋志异》、《阅微草堂笔记》和《子不语》存在某些封建迷信等消极落后的东西而全盘否定它们。

五　结语

大约两千五百年前，圣人孔子对学生说："《诗》可以兴，可以观，可以群，可以怨，可知鸟兽虫鱼，远之侍君，迩之侍父母。"一句话概括了文学的认识、教化、评价、审美诸多功能和作用。时至今日，圣人的教诲仍具有时代性，本文的相关论述很大程度上是圣人之论的具体化，是圣人之论的延伸。

文学从来到人间，就成为人类最美好亲密的朋友，是人类精神的家园。在这个家园中，人们播种喜怒哀乐，收获精神的愉悦和宣泄。每个人都有自己心目中的文学形式，因而对文学的认识，就像鲁迅对《红楼梦》的评价，不同阶层看到《红楼梦》会有不同的感受。人们常说，一千个观众就有一千个哈姆雷特。

任何一部文学作品都蕴含着一定历史时期的思想观念和世风民俗，每部作品既是现代人对过去历史的回忆，又是现代人走向未来的一面镜子。以此而论，去研究学习《聊斋志异》、《阅微草堂笔记》和《子不语》，你会发现书中很多值得今人思考的地方。

《燕赵文化研究》第 2 辑
第 45~52 页

试论《聊斋志异》与《阅微草堂笔记》
中下层文人的生存状态

李　茜*

摘　要：《聊斋志异》中的下层文人在政治上没有享受到应得的优待，在生活中也常遭轻视。《阅微草堂笔记》中不乏对下层文人道德劣迹的记载，社会对他们的尊重和敬仰一再下降，低微的社会地位使得他们的生活更加艰难。两部作品中的下层文人呈现出不同的生存状态。深知下层文人坐馆授徒艰辛的蒲松龄为他们创造了经商、借助女方等理想化的致富方式，书中大部分下层文人最后都能过上衣食无忧的生活。纪昀固守重义轻利的价值观念，总体上看《阅微草堂笔记》中下层文人的谋生方式都与读书人的本业相去不远，但无论哪种方式都不能使他们真正摆脱穷困，从而普遍表现出落魄又卑微的状态。相比《聊斋志异》，《阅微草堂笔记》对清代下层文人生存状态的描写更为真实客观。

关键词：《聊斋志异》　　《阅微草堂笔记》　　下层文人

　　《聊斋志异》（以下简称《聊斋》）中的下层文人，地位处境十分尴尬。"今之愿为生员者，非必慕其功名也，报身家而已"[①]，中国古代有"礼不下庶人，刑不上大夫"的传统，读书人只要在科举考试中取得秀才以上的功名，便可以享受一定的政治权利，受到法律的保护。即使犯了罪，相较于平民也可以得到一定的优待。但在《聊斋》中，下层文人们不但没有享受到应得的政治特权，反而经常因蒙受不白之冤而身陷囹圄。《成仙》中的周生，因不忿县令先前对自家仆人的

---

*　作者简介：李茜，河北大学文学院硕士研究生，研究方向为中国古代文学。
①　（明）顾炎武：《顾亭林文集》，中华书局，1983，第 21 页。

不公判决，而写诉状送到县衙，没想到县令不但将诉状撕碎还恼羞成怒地将周生打入大牢，后来更捏造周生与海盗勾结的证据革除了周生的功名，并对其施以酷刑。《神女》里米生与同村的鲍庄一起饮酒，鲍庄暴毙，官府在没有证据的情况下便草率认定米生是杀人凶手并将他下狱。《张鸿渐》中的主人公更是下层文人冤屈困窘的真实写照。张鸿渐因被县令所害而离家逃亡，每日提心吊胆饱受折磨，十几年间夫妻分离、父子不识，身心备受摧残。此外还有《胭脂》中的鄂秋隼、《辛十四娘》中的冯生等下层文人都曾含冤入狱，即使他们有功名在身，也难逃屈打成招的悲惨命运。

除了政治权利得不到保障以外，下层文人常常处于被轻视的境地。明清时期商品经济飞速发展，中国社会也发生着不小的变化。传统士农工商的等级观念已经有所颠覆，明末冯梦龙所编《喻世明言》中已有"一品官，二品贾"的说法，凌濛初《二刻拍案惊奇》卷三十七写道，"徽州风俗以商贾为第一等生业，科第反在次着"①，那些无法出人头地的下层文人就只能处处遭人白眼，尤其是在婚姻方面，经常处于劣势。《小二》中的丁生文采风流，且与小二情投意合，小二的父母却一心想让女儿嫁入高门富户，直接无情地回绝了上门提亲的丁母。《连城》中的乔生少年时便才华横溢，变卖财产往返数千里只为将曾经赏识自己的县令遗体运回故乡，义薄云天的乔生赢得了文人们的尊重，连城的父亲史举人却依旧以乔生家贫为由而拒婚，并要将连城嫁给盐商之子。小二的双亲长于乡里目光短浅，因此他们要将女儿嫁予富户尚可理解；科举出身的史举人却弃乔生而择商贾，便足以证明下层文人当时艰难尴尬的处境了。

纪昀生于清雍正二年（1724）六月，卒于清嘉庆十年（1805）二月，一生主要活动于乾隆朝，可谓身处盛世。然而在盛世表象之下，隐藏了种种社会问题，"至乾隆朝，官吏侵贪之风最盛"②。吏治腐败导致了社会的动荡，乾隆朝后期战火不断，对国家财富造成了极大的损耗，整个社会的经济压力逐年递增。下层文人本就生活窘迫，如此一来更是雪上加霜。清代文字狱在中国古代最为严重，根据相关史料和档案记载，顺治朝文字狱共 7 起，康熙朝 20 余起，雍正朝 20 余起。而在乾隆朝，文字狱的数量急剧上升，达到了 130 余起。牵涉到文字狱的一小部分是朝臣或地方官员，更多的则是那些未能出仕的下层文人，在这样的政治环境之下，读书人难免人人自危。纵使纪昀官居高位，他也并没有得到同等的政治地位，

① （明）凌濛初：《二刻拍案惊奇》，上海古籍出版社，1998，第 182 页。
② 唐瑞裕：《清代乾隆朝吏治之研究》，台北文史哲出版社，1990，第 189 页。

乾隆皇帝公开表明他对纪昀不过"以倡优蓄之",纪昀亦因此而战战兢兢如履薄冰,写诗自云"俯见豺狼蹲,侧闻虎豹怒。立久心茫茫,悄然生恐惧。置身岂不高,时有蹉跌虑。徙倚将何依,凄切悲霜露"①。思想上的压抑氛围使得文人纷纷埋首故纸之间,专注于历史、考据之学,"而使聪明才智出于一途,其弊至于不敢论古,不敢论人,不敢论前人之气节,不敢步前朝亡国时之正义。此止养成莫谈国事之风气、不知廉耻之大夫"②。

总览《阅微草堂笔记》(以下简称《阅微》)全书中的下层文人,纪昀对他们少有正面形象的刻画,更多的是对他们道德劣迹的记载。如《滦阳消夏录(四)》第39条讲述两位私塾先生平时皆以继承和宣扬道学为己任,一日他们在与学生严肃地辩论天理人欲时突然刮来一阵微风,吹开了二人密谋夺取寡妇田产的信件,他们虚伪的外表才被拆穿。再如《槐西杂志(三)》第59条某生凡事只求利己,参加科举考试时住宿的旅店漏雨,某生便抢先躺在还没有被浸湿的北边床上,一同赶考的考生只能默默静坐,没想到半夜墙壁居然倒塌将某生砸得头破血流。还有对婢女施暴的秀才、肆意轻薄女子的浪荡书生等,都是下层文人道德操守丧失的表现。纪昀在书中对他们颇有不满,进行了诸多讽刺。士风败坏至此,再加上下层文人无法通过科举进入仕途,故而社会对他们的尊重和敬仰一降再降,低微的社会地位也使得他们的生活更加举步维艰。

清代穷困潦倒的下层文人不在少数,蒲松龄就是个中典型。据邹宗良考证,蒲松龄生于明崇祯十三年(1640),这一年正是大灾之年。本就不富裕的家庭,和"两京、山东、河南、山西、陕西、浙江大旱,继以蝗灾,至冬大饥,人相食,草木俱尽,道谨相望"③的苦难荒年,奠定了蒲松龄终生贫苦的基调。他在《除日祭穷神文》中自嘲穷神把自家当衙门,看似调侃,其中辛酸只有自己知晓。蒲松龄本人的真实经历使得他对下层文人的困窘生活有着十分深入的体察,《聊斋》中的下层文人常常为贫穷所累,如《侠女》中的金陵顾生"博于才艺,而家綦贫"以至于"行年二十有五,伉俪犹虚"④;《雷曹》中的夏平子年少以才学知名,不幸感染瘟疫却"家贫不能葬";《褚生》中的褚生"家贫,办束金不易",只好"半月贩,始能一月读"。《聊斋》中潦倒的下层文人比比皆是,当生

① (清)纪昀著《纪晓岚文集》,孙致中、吴恩扬、王沛霖等校点,河北教育出版社,1991,第476页。
② 孟森:《清史讲义》,中华书局,2010,第384页。
③ 邹宗良:《蒲松龄年谱汇考》,山东大学博士学位论文,2015,第48页。
④ (清)蒲松龄著《全校会注集评聊斋志异》,任笃行辑校,人民文学出版社,2016,第302页。

计成为眼下最迫切需要解决的问题时，下层文人们不得不收起清高自负，寻找谋生之道。据笔者初步统计，《聊斋》中明确标明谋生方式的下层文人共计 40 名，见表 1。

表 1　《聊斋志异》中下层文人谋生方式

谋生方式	人物个数	占比（%）
坐馆授徒	6	15
代司笔墨	8	20
经商	10	25
借助女方	16	40

对下层文人来说，坐馆授徒无疑是门槛最低的谋生方式，在《聊斋》中也比较常见。"儒者不为农工商贾，惟出仕与训蒙而已。出仕不可必得，训蒙乃分内事。果尽其道则教育人材，亦大有益于天下，己亦借此代耕，诚兼善之本务也"[1]，这种方式既可以获得收入，同时又可以让他们继续举业，以备科考。蒲松龄所处的清前期是中国私塾教育发展十分繁荣的时期，塾师队伍数量庞大，但这一职业并不轻松。"这个队伍中的大部分文士，是没有科举功名的读书人，多属家境清贫的下层文人"[2]，他们不但生活艰辛，对待学生的宽严要看馆东的眼色，还经常受人轻侮。蒲松龄在《学究自嘲》和《闹馆》两篇作品中诙谐地描写了塾师的困苦和受轻侮的难堪情状，谋馆之时"有人成书馆，便是救命仙"[3]，坐馆之后吃饭无好菜、夜晚无铺盖、束脩七折八扣还要为馆东打扫屋宇、接送学生，教书先生被贬得这样轻贱依旧恳求"快入学罢，可饿死我了"[4]，这表面上看是戏谑的自嘲，骨子里却是在自诉苦衷，蒲翁感慨"墨染一身黑，风吹胡子黄；但有一线路，不作孩子王"[5]。在当时，塾师的束脩与自身功名和馆东的经济状况息息相关，下层文人皆是秀才或童生，馆金注定不会丰厚，遇到吝啬的馆东，更是所得无几。如卷六《爱奴》中的长山某，"每延师，必以一年束金，合终岁之虚盈，计每日得如干数；又以师离斋、归斋之日，详记为籍，岁终，则公同按日而乘除之"[6]，从这

①（清）王晫、张潮编《檀几丛书》，上海古籍出版社，1992，第 275 页。
② 姚蓉：《论清代文士的塾师生活与底层写作—以蒲松龄为例》，《上海大学学报》（社会科学版）2012 年第 2 期。
③（清）蒲松龄著《蒲松龄集》，路大荒编，上海古籍出版社，1986，第 816 页。
④（清）蒲松龄著《蒲松龄集》，路大荒编，上海古籍出版社，1986，第 816 页。
⑤（清）蒲松龄著《蒲松龄集》，路大荒编，上海古籍出版社，1986，第 1752 页。
⑥（清）蒲松龄著《全校会注集评聊斋志异》，任笃行辑校，人民文学出版社，2016，第 1674 页。

样的细节描写之处可见下层文人坐馆授徒着实不易。

除了坐馆以外，也有少数下层文人因种种原因在无缘"舌耕"的情况下，采取了"笔耕"方式谋生。《侠女》中的顾生"惟日为人书画，受贽以自给"①；《西湖主》中的陈弼教"家贫，从副将军贾绾作记室"②；《珊瑚》中的安大成家中仅有数亩薄田，不足自给，"惟恃生以笔耕，妇以针黹"③。坐馆与代司笔墨虽然同是为人所用，但其本质又有所不同，"坐馆属于聘任性质，名义上是西席，不失士居四民之首的位阶；为人作书取值或抄缮齿录，则职同雇佣，跟替大户做主计，其实已无区别。而且，文人为了谋生，去从事这种工作，也才更足以凸显文人的处境"④。很明显，下层文人不管是从事塾师还是代司笔墨都无法真正摆脱困窘，因此如何致富也成了他们需要考虑的重要现实问题。

蒲松龄的父亲蒲槃曾是儒生，后因累举不第转而从商，在他的影响之下，蒲松龄后来在创作《聊斋》之时替众多业儒不成的下层文人选择了改行经商这一条路。汉口在清代时商业贸易已十分兴盛，王文与鸦头私奔到汉口，家徒四壁之下王文听从鸦头的建议开店卖酒，"日获赢馀，饮膳甚优，积年馀，渐能蓄婢媪"⑤，从一穷二白的书生到家境日渐富裕的酒肆主人，王文可谓下层文人中由穷入富的典型代表。乐云鹤见挚友夏平子文章享誉一时尚碌碌无为而终，何况才学平庸的自己，于是"去读而贾，操业半年，家资小泰"⑥。这些深受儒家传统"君子忧道不忧贫"观念影响的下层文人在困窘的现实面前纷纷摒弃了清高的态度，投身商业，"我之为贾生者，人以为辱其身，而不知所以不辱其身业"⑦，冯镇峦在评价《聊斋》中下层文人经商时引用了元代许鲁斋之言，称"儒者以治生为第一事"，只有在经济独立之后他们才能掌握话语权来维护自身的人格尊严。

下层文人的致富之路除了经商之外，蒲松龄还创造了一种更为理想化的摆脱贫穷的模式——借助女方。书中那些光彩耀眼的迷人女性不仅给予了下层文人爱情，更在经济上为他们提供了无私的援助，将他们从困窘的泥潭中拉出。《霍女》中一无所有的黄生，夜里遇到了自荐枕席的霍女，霍女为黄生辛勤地操持家务，

---

① （清）蒲松龄著《全校会注集评聊斋志异》，任笃行辑校，人民文学出版社，2016，第302页。
② （清）蒲松龄著《全校会注集评聊斋志异》，任笃行辑校，人民文学出版社，2016，第926页。
③ （清）蒲松龄著《全校会注集评聊斋志异》，任笃行辑校，人民文学出版社，2016，第1955页。
④ 龚鹏程：《中国文人阶层史论》，兰州大学出版社，2004，第336页。
⑤ （清）蒲松龄著《全校会注集评聊斋志异》，任笃行辑校，人民文学出版社，2016，第865页。
⑥ （清）蒲松龄著《全校会注集评聊斋志异》，任笃行辑校，人民文学出版社，2016，第594页。
⑦ （明）唐甄：《潜书》，上海古籍出版社，1984，第119页。

并使出美人计为他谋得了千金之财；游学四方的宗子美，拿不出千金来求娶嫦娥，嫦娥便自己出资给宗生作聘金，宗子美娶了嫦娥之后家中便富裕起来，居处连阁长廊宛如仙境；《黄英》中清贫的马子才娶了以卖花为业的黄英之后就过上了富贵之家的豪奢生活。这种借助女方财力的方式既满足了下层文人脱贫的需要，也维护了他们的自尊，实现了财富与爱情的双丰收。

相较于《聊斋》中尚有致富之道可循的下层文人，《阅微》中下层文人的生活更为困苦。"明永乐二年，迁江南大户实畿辅，始祖椒坡公自上元徙献县之景城。后子孙繁衍，析居崔庄，在景城东三里。今士人以仕宦科第多在崔庄，故皆称崔庄纪，举其盛也"①，纪昀的父亲纪容舒雍正十三年（1735）在户部任职，将田产尽数交予长子纪晫打理，家中"物力颇有赢"，纪昀在为其兄撰写的墓志铭中提到乾隆五年（1740）时因自己成亲家中花费不菲，"庚申，为昀娶妇，乃费至数百金"②，这些都足以说明纪昀自小就拥有十分优越的生活条件。他顺利考中进士进入仕途，开始享受朝廷俸禄之后更是不用为饮食起居费心。美好富足的经济生活和自小接受来自书香门第的熏陶，使得纪昀固守"君子喻于义，小人喻于利"的价值观念。在这种观念的影响之下，《阅微》中下层文人的谋生方式都与读书人的本业结合得十分紧密，据笔者统计，《阅微》中写明谋生方式的下层文人共 38 名，见表 2。

表 2　《阅微草堂笔记》中下层文人谋生方式

谋生方式	人物个数	占比（%）
设帐教馆	28	74
贩卖笔墨	4	14
清客	3	6
其他	3	6

《阅微》中明确标明职业的下层文人绝大部分以塾师为业。当然，像著名书院或县学的教职这样体面又高收入的职位与下层文人是无缘的，《阅微》中绝大部分做塾师的下层文人终身辗转奔波于蒙斋家塾间，于荒郊废园之中勉强度日，稍有变故便潦倒而终。《阅微》卷十五中老儒周懋官本是南方人，因久困名场而流离困

---

① （清）纪昀著《阅微草堂笔记》，孙致中、吴恩扬、王沛霖等校点，河北教育出版社，1991，第 278 页。
② （清）纪昀著《阅微草堂笔记》，孙致中、吴恩扬、王沛霖等校点，河北教育出版社，1991，第 379 页。

顿，无奈之下只能做塾师糊口，后坎坷以殁；卷九鄞县某生文章写得好但总考不上功名，便去做塾师，后生病而亡。诸如此类，不一而足。《阅微》中因科举不第而成为塾师的下层文人，大多不得不整日为微薄的报酬而奔波，生活难以得到保障。流行于清代的《解人颐》曾戏谑"乡愚凡事肯费钱，独至延师训子，偏十分吝惜"①，可见当时一般塾师的日子的确过得艰难，普遍呈现出一种落魄而又卑微的生存状态。

另有一些谋馆不成的下层文人，选择以出售笔墨的方式维持生计。这在当时不少人看来并不是一个体面的谋生手段，"鬻文为活，志士所羞"②，但对于既没有功名也没有地位的下层文人来说，解决口腹之需才是眼前最为重要的事情。卖字画以糊口极不稳定甚至可以说充满了风险，以此为业的下层文人经常处于入不敷出的窘迫境地。如《滦阳消夏录（六）》中所载纪昀高祖父纪坤的友人董天士就是一名以卖书画维持生计的生员。纪坤在《花王阁剩稿》中写了四首悼念董天士的诗，董天士的生平，由这几首诗可以想象出来。他性情孤僻，栖身荒村，衣物破旧，一生未曾娶妻，以此可见卖文生涯的凄清与孤独。书中所载另一位卖字画的游士背井离乡去往京城，最后也只落了个无亲无故染病而亡的孤苦结局。在考场上下层文人不被考官眷顾，在艺术上他们的作品也不被赏识，贫穷与他们终生如影随形。

纪昀多年的仕宦生涯使得他与王公贵族颇有来往，因此他见识了一群名为"清客"的下层文人群体。"俗所谓清客者，门下食客也，主人之待遇次于幕"③，清客是古代寄食于富贵之家以一技之长帮闲凑趣的文人，类似于战国时代孟尝君门下的食客。作为乞食于人者，他们需要抛下读书人的清高，去迎合豪门之家一些庸俗甚至低俗的趣味。他们往来于仕宦之间，但并不被这些达官贵人们所尊重。《槐西杂志（二）》记载了钱生擅长弹琴，因此在裘文达家做清客，纪昀常常把他作为玩笑的对象，也从未问过钱生的姓名籍贯，叫见清客在主人家中地位并不高。这种寄生式的生活方式也并不稳定，下层文人一旦被扫地出门，便会落入更艰难的处境。

书中还有一些下层文人，或是没有说明其具体职业，如卷三中的冯树楠，只写其"粗通笔札"；或是没有固定的职业，如《滦阳续录（五）》第22条中的沧

---

① （清）钱德苍：《解人颐》，岳麓书社，2005，第21页。
② （清）金埴撰《不下带编巾箱说》，王湜华点校，中华书局，1982，第31页。
③ 陆林主编《清代笔记小说类编·世相编》，黄山书社，1994，第233页。

州书生董华，读书读不好便去店铺里算账，遭人排挤后靠卖药算命为生。不管是哪一种，这些下层文人都过得十分窘迫，冯树楠落拓京师十余年最后冻饿而死，董华即使卖妻也难逃饥荒。

结　论

综上所述，《聊斋》中的下层文人一开始的确生活得十分艰难，但他们中的绝大部分后来能以经商或婚姻的方式摆脱贫困，过上高枕无忧的富足生活。显然，这样类似"白日梦"的笔墨也反映出蒲松龄对致富的强烈渴望，无奈他的妻子刘氏并非出身高门巨贾之家，他自己也并不具备商业才能，这样的幻想在现实中注定无法实现。《阅微》中的下层文人为了生存基本会选择与自己本业相关的职业，但是这并不能改变他们穷困的现状。书中大部分下层文人一生都在与贫困抗争，为衣食而苦苦挣扎，有时甚至会摒弃读书人的尊严。对于这些无法安顿自己生计的下层文人，纪昀平静地叙述了他们的遭遇。相比《聊斋》一书，《阅微》更加真实地反映了清中期下层文人普遍困窘的生存状态。

《燕赵文化研究》第 2 辑
第 53~61 页

美育与跨专业创客培养[*]

胡　海　王新玲[**]

摘　要： 创客的基本精神是自觉自主、自由创造，亲力亲为而精益求精，追求最高技艺境界。他们将实用目的与审美目的统一起来，有着超功利的价值观，从兴趣出发，充分发扬个性，追求自我实现的快乐，也追求分享的满意，二者互相加强。"艺术创客"除了特指艺术领域的创客，亦指所有兼具某种专长与艺术才能的创客，在其产品中灌注艺术成分或精神审美因素。美育对于跨专业创客培养的作用与意义首先在于它是应试教育转型的重要一环，有助于扭转急功近利的价值观；其次在于培养学生在任何领域都有发现美的眼光、感受美的心灵和创造美的能力，培养创造的兴趣、参与和分享的热情，与专业教育相辅相成；再次在于强化"艺无止境"的意识，让学生将无穷想象与反复训练结合起来，养成精益求精的习惯。

关键词： 工匠精神　超功利　审美目的　兴趣　个性

"创客"，对于我国学界、教育界来说还是一个新词，这和它不是某个专业的特定术语有关，也与我国重视专业技术教育而不重视人文素质教育有关。"创客"成为一个热词，直接原因是李克强总理提倡的"大众创业、万众创新"。现在业已进入各个工作领域的"大众"，就其知识结构、观念、意识和技能而言，还难以跟上创客运动步伐。作为教育工作者，我们应该关注将来的"大众"，培养创新、创业的生力军。按照德智体美劳五育并举的教育理念，美育是人才培养的重要一环。

---

[*]　本文是 2018 年河北省"民国美育理论著作研究"项目（206060318042）阶段性成果之一。

[**]　作者简介：胡海，河北大学文学院教授，研究方向为文艺学、比较文学；王新玲，河北大学文学院文艺学专业 2018 届硕士，白洋淀高级中学教师。

就创客的基本素养来说，审美教育，或者说艺术教育，更是不可或缺的。这要先从创客的基本精神谈起。

一 在创客运动中重新审视创客精神

学界一般认为20世纪60年代的DIY运动是创客运动的滥觞。创客（maker）的本义是"制造者"，在工业时代，很多制造由人操纵机器完成，甚至由机器直接完成，与机器或机器操纵者相区分的制造者，更接近独立的、个体手工生产者。DIY是"Do It Yourself"的缩写，也就是自己动手的意思，可见与"maker"确有密切关联。最初，DIY活动是指人们不愿投入太多费用聘请专业人士对住房、庭园进行整修、维护而自行施工。后来其范围不断扩大，对人们最大的吸引力也不再是节省费用，更在于培养兴趣、发挥个性、自由创造。这也是手工生产的特点。马克思曾经指出，工业生产让劳动过程丧失乐趣，仅仅为了工资，这是劳动异化；在理想社会，劳动应该成为人的第一需要，也就是相当于马斯洛所言的最高需求——自我实现。可见，DIY或创客是个体手工生产在更高层面的回归。"个性、动手、自由"作为DIY的核心含义，也是创客的基本精神。

DIY活动转化为创客运动，得益于创意产业大发展的推动。1997年，英国率先成立"创意产业特别工作组"，各国紧随其后，创意产业在全球范围内迅速发展，涵盖了广告、建筑、艺术品和古玩、计算机软件、游戏、手工艺品、设计、电影与录像、音乐出版、表演艺术、广播电视等13个行业。[①] 创意产业使得理念创新、工具与技术革新成为经济活动的主题词，也启示着众多自己动手设计与制作的人们更加重视创意，积极创新。当DIY活动与创意结合，真正意义上的创客运动就蓬勃兴起了。这也意味着，当"maker"重视创意时，它就不再是指一般的制造者，而真正相当于"创客"了。另外需要注意的是，上述创意产业都属于文化产业，创客的本义决定了创客运动必将创意贯彻到制造业。

由DIY活动而来的创客运动首先是个体分散的活动。在日常生活领域，有些自己动手的活动，如果有着自己的创意，那就是专业人士也不可替代的。比如说，你家的草坪怎样修剪才能够与自家房屋及周边环境配合最佳，专业人员只能够看到一时，做出一时的最佳设计，你却可以不断尝试，获得多种让自己

---

① 祝智庭、雒亮：《从创客运动到创客教育：培植众创文化》，《理论探索》2015年第7期。

愉悦的效果。又如你给心上人织的毛衣或绣的荷包，更是自己心意、创意与手工的结合。

不过，人们有相近的实际需求和审美心理结构，故而个体创客的产品，不仅可以广为他人分享，也可以进入社会化大生产。如比尔·盖茨、拉斯伯格都可谓创客，缔造了精英创造大众化产品的神话，昭示了从个体创意到全球产业的神奇巨变，也昭示了创新者与企业家结合或转换为企业家的伟大影响力。因此，个体创客活动迅速转化为集团、国家组织乃至全球合作的创客运动。从 2006 年加利福尼亚圣马特奥的第一届"创客嘉年华"开始，每年全球范围内举办的此类活动数量均呈递增趋势。2014 年 6 月，美国举办了第一届"白宫创客嘉年华"。究其原因，一方面，互联网技术的深入使得跨国界的电子商务打破传统交易模式的壁垒，市场更加多元化，哪怕一个不起眼的小创意小产品都可以通过互联网找到对应的"需求者"，而任何一个有需求的消费者，都可以通过互联网找到符合自身要求的"制造者"；另一方面，3D 打印、3D 扫描等制造技术，开源硬件与软件的发展，极大地降低了普通创新者将创意转化为成品的门槛。产品的制造，由大公司、大工厂的精英垄断，制造"标准化"产品，转变为千千万万普通的"创客"，制造"个性化"的"一对一"产品，"创客运动"正是大众制造小众化产品的新兴浪潮，是第三次新工业革命的显著特征。这不是对大工业生产的否定，而是一种补充。我们知道，经济发展的本质，首先是人们需求的多样化扩展，有需求就有生产，人们各尽所能，互相满足需求，就有了劳动交换，体现为经济增长。需求既有多样性，又有累积性和扩展性，就是说，有些需求是小众的，不适合大工业生产，因此需要众多创客参与；同时，某个人的需求会变为很多人的需求，那么，也会转化为大生产。"大众创业、万众创新"不仅是针对个体的，也是针对各级各类生产单位的，而流通机构、管理服务部门相应也要做出改变。

创客与制造业的原始关系，使得"工匠精神"成为其核心。亚力克·福奇在其《工匠精神：缔造伟大传奇的重要力量》一书"引言"中认为，工匠精神是用我们周围已经存在的事物制造出某种全新的东西；工匠们的创造行为在最初没有明确的目的性，就算有也和当时确定好的目的有很大不同，能够激发人们的激情和对它的迷恋；它是一种"破坏性行为"，工匠们背对历史开始了一段充满发明创造与光明的全新旅程。① 十二届全国人大四次会议上，李克强总理在《政府工作报告》中指出，要鼓励企业开展个性化定制、柔性化生产，培育精益求精的工匠精神。这是对当今制造业的高精尖要求，也规范了我国创客运动与国际接轨的基本方向。

国内外学界对"创客"的定义不尽相同，根据以上历时考察，我们可以大致取其共识。其一，创客的基本精神是工匠精神。中外工匠精神的共同点在于：摆脱功利束缚，精益求精，追求最高技艺境界；自主设计，亲自制作，创意与行动一体，产品或作品充满个性；实用的满意、分享的愉悦、自我实现的快乐互相加强。其二，创客产品可能是个体性或小众性的，也可能是大众化的。创客运动与工业化大生产相辅相成。其三，创客更接近艺术家而非生产者。"艺术创客"除了特指艺术领域的创客，亦指所有兼具某种专长与艺术才能的创客，在其产品中灌注艺术成分或精神审美因素。

二 价值观单一与教育功利化对美育的呼唤

创客运动在西方兴起是一个自然而然的过程。在古代欧洲，由于航海的需要，制造业早就较为发达。科学进步、技术与工具革新让西方的制造业迎来大发展，与艺术创造相得益彰。达·芬奇运用解剖学手段了解人体骨骼，这有助于绘画、雕塑的穷形尽相，体现出精益求精的精神。从 19 世纪后期开始，随着两次工业革命的展开，机器大生产极大地降低了生产成本，手工制作主要限于奢侈品领域，或者少数高端产品。随着互联网等技术的催化，以及流通成本的降低，手工制作再度兴盛。于是，人人都在不同方面成为创客。他们崇尚"DIY"，自己动手解决生活中的问题，通过小小的创意，让自制的美食更有特色，让花园的喷灌系统更人性化，私人电脑的组装更个性化。行业精英则创造着改变世界的神话。正因在"全民制造"的土壤上，兴起了大范围内制造业的重大变革，才有了"创客""创客运动""创客文化"的概念。这是从实践到理论，理论又推动实践。

反观我国则不同。我国"创客运动"起步较晚，发展较慢。2010 年，以上海成立"新车间"为标志，"创客运动"才开始在国内一线城市兴起；2012 年，克

---

① 〔美〕亚力克·福奇：《工匠精神：缔造伟大传奇的重要力量》引言，陈劲译，浙江人民出版社，2014。

里斯·安德森的《创客：新工业革命》译出，"创客"概念才正式引入中国。据2015年3月全球创客空间维基站点的统计，我国在其网站注册的创客空间不过21家。业已形成的创客圈只是北京、上海、深圳三大城市。我国的创客运动不是从实践到理论，而是从理论到实践；是先从国家层面进行号召，缺乏坚实的群众基础，大众对于自主制造和创新创业缺乏热情，也缺乏能力；从创意到产品都存在同质化问题，或者说，山寨现象严重；从产品质量看，严重缺乏精益求精的精神；也缺乏附加的文化因素、人性因素、审美因素。其原因是多方面的，我们认为，功利主义价值观是主因，而美育是克服功利主义价值观的重要手段，是培养中国"创客"的重要途径。

古代中国本不缺乏工匠精神。春秋战国时期的墨子就是一位能工巧匠。《庄子·养生主》中庖丁解牛的故事透露出作者对"技"的欣赏与推崇，"技精近乎艺，艺精近乎道"，将"技"上升到艺术与大道的层面。不过，王公贵族以维护既得利益为首要任务，耽于逸乐；读书人亦醉心于考取功名，以分享利禄，因此主流价值观念是功利主义的，并且是急功近利的；工匠没有地位，科技进步不受重视。王国维在《论哲学家和美术家之天职》中指出："披我中国之哲学史，凡哲学家无不欲兼为政治家者，斯可异已！……故我国无纯粹之哲学，其最完备者，唯道德哲学与政治哲学耳。至于周、秦、两宋间之形而上学，不过欲固道德哲学之根柢，其对形而上学非有固有之兴味也。其于形而上学且然，况乎美学、名学、知识论等冷淡不急之问题哉！"[1] 中国古代读书人都想当政治家，"学而优则仕""书中自有黄金屋，书中自有颜如玉""万般皆下品，惟有读书高"的观念深入人心，所追求的权力背后，则是人人欲求的金钱、美色。"天下熙熙，皆为利来，天下攘攘，皆为利往"，司马迁《史记·货殖列传》中的这句话，实际上是与孔子富而后教的思想相关联的，读书是为了受教，并且，数量甚少的读书人还承担着教书育人的使命。当读书人与普通百姓一样以功名利禄为人生目标，教育也就变得功利化，进一步导致国民价值观单一。古代士大夫将"技"看作旁门左道，"奇技淫巧""玩物丧志"之类词语便是这种思想的反映。主流价值观对科学技术和工匠精神的不认可，直接导致它在教育教学中的缺失。

扭转单一价值观的主要途径，除了树立以天下为怀的信念或信仰，就是培养多种兴趣，包括格物致知的热情和审美的兴趣。对于大众来说，美育自然是最有

---

① 《王国维文集》（3），中国文史出版社，1997，第7页。

效的途径。这一点，梁启超早就看到了，所以他认为"欲新民，必先新小说"。王国维亦看到："唯美之为物，不与吾人利害相关系，而吾人观美时，亦不知有一己之利害。"① 他大力提倡哲学、美学的目的，乃是希望有人能够以知识追求、大道探求为人生目标，或者在审美中获得快乐、满足或寄托，而不是一味、过度地追求物质利益。这和古圣先贤崇尚安贫乐道、"先天下之忧而忧，后天下之乐而乐"、"为天地立心，为生民立命，为往圣继绝学，为万世开太平"的理念是一脉相承的。由当时的学制看，美育新民的理念是当时一些高层人士的共识。1904 年 1 月，张之洞等组织制定了《奏定大学堂章程》，规定"美学"为工科"建筑学门"的24 门主课之一。1906 年初，王国维在《奏定经学科大学文学科大学章程书后》一文中，主张文科大学的各分支学科除历史科之外，都必须设置美学课程。1907 年，张謇等拟定的《江阴文科高等学校办法草议》，在"文学部"的科目里，也正式列有"美学"一课。②

蔡元培在任南京临时政府教育总长至入主北京大学时期撰写了一系列从教育角度谈美学的文章。他认为："世界各国，为增进文化计，无不以科学与美术并重。""在现象世界，凡人皆有爱恶惊惧喜怒悲乐之情，随离合、生死、祸福、利害之现象而流转，至美术，则即以此等现象为资料，而能使对之者，自美感以外，一无杂念。"③ 他还提倡以美育代宗教，希望对美的追求能够成为人们的内在信念，这样才能够抵御功利主义。蔡元培把美育提高到国家教育方针的地位，显然与功利主义及科举制的功利化直接相关。

功利主义的价值观在当下社会仍有贻害。在教育领域体现为应试教育模式，多数学子以考个好学校、好专业，去个好城市、找个轻松钱多有面子的工作为最高目标。个体的生命体验被弃之不顾，个体的活动不再是自由自觉的生命活动，而是追名逐利的一种手段，也就是古代思想家所批判的"人为物役"，亦是马克思所批判的人的生命本质异化。在这种单一价值观支配下，与考试无关的"副科"自然不受重视，除了那些走艺术类、体育类高考"捷径"的孩子需要之外。

教育功利化在高校有一个重要体现是专业意识过强。在中小学，看课外书会

---

① 《王国维文集》(3)，中国文史出版社，1997，第 321 页。
② 朱有瓛：《中国近代学制史料》第二辑上册，华东师范大学出版社，1987，第 600 页。
③ 贺昌盛：《晚清民初"文学"学科的学术谱系——从"词章"到"美术"再到"文学"》，《学术月刊》2007 年第 7 期。

受到老师和家长制止，在大学，学生会重视专业课，希望将所学尽可能派上用场，有助于找到好工作，而对于各类素质拓展类课程，除非关系到奖学金，否则就以混到学分为目的。李开复在国外学的专业是最热门的，他的室友毕业后开了个画廊，这在中国家长和学生看来会是极大的浪费。

事实上，大学课程设置本身就是功利化的，较之蔡元培的五育并举来说简直是退步。众所周知，中华人民共和国成立后，我国高校的专业与课程设置参照苏联，苏联的模式是适应战时需要，划分很细。一般情况下是不必如此的，但是为何迟迟不改？除了教师的知识结构一下子跟不上，还有一个深层原因：自古以来，许多读书人不是因为爱读书而苦读，只是为了考取功名，所以希望少费力气多见效，希望有捷径，如同武侠小说里那些不长进的人希望得到宝典。专业划分细，一个老师只要读通了一门课直接涉及的材料，就可以教一辈子，这样即使待遇低，也可乐得清闲自在。没有读书的乐趣，缺少培养人才的使命感、兴趣和热情，就不会通过拓展基础来精益求精。

十几年前，文艺学专家金元浦在讨论文化产业发展、日常生活审美化和审美日常生活化问题时，就遇到这是不是"文学"问题的"专业性"质疑。他为此提倡学科大联合①，打破学科界限，这在理论上也许被认同了，但实际上难说已经做到。与文化产业、创意产业相连接的创客运动，之所以实践跟不上理论，与专业壁垒不无关系。

总之，继承民国学制的优长，同时重视专门教育与通识教育，恢复美学美育在教学中的地位，是克服价值观单一与教育功利化的重要手段，也是重振工匠精神、释放创新能量的必要措施。

三　审美教育对于创客素质培养的特殊作用

如前所述，我国创客运动不活跃的一个重要根源在于单一的、过于功利的价值观。应试教育可谓这种功利主义价值观的产物：多数老师、同学、学校重视题海战术和死记硬背，抑制自觉自主精神，过于功利且急功近利，进而导致重思想轻行动，重物质轻精神，重理论轻技术和工具，做事不到位，缺乏更高更远更多的追求。美育是应试教育改革的突破口，有助于培养学生多方面的兴趣与爱好，

---

① 金元浦：《文化研究：学科大联合的事业》，《社会科学战线》2005 年第 1 期。

推动价值观念更新与多元化，这样，他们将来才会具有参与"大众创业、万众创新"的意识、态度与精神。

在专业划分日益精细的今天，美育对于跨专业创客培养具有间接作用。首先，相对于传授知识、学问、实用技能的课程，美育和艺术教育培养人在任何领域发现美的眼光、感受美的心灵和创造美的能力。其次，专业课程主要靠学习和领悟，有的课程需要讨论，有的需要实验操作，而美育则是一门没有绝对结论的交流和分享课，有助于培养学生的情商和关怀他人的热情。我国某些学生不善沟通，或者说冷漠，与审美教育缺乏是有关系的。创客与手工业者在以精益求精的工匠精神为最高境界这一点上是相同的，但手工业者并不注重受众的量，更看重技艺的"化境"，创客的快乐和满足程度与分享面成正比，或者说他们乐于分享。再次，创客与艺术家也有所不同，有的艺术家追求纯然的自我表现，而对于创客来说，受众意识与创新意识同等重要。一个创客不一定参与传播，但是会注重传播。我国的年轻人未必缺乏创意与制造能力，但是不注重分享，也就不容易做到分工合作。这与他们在学校时美育的缺位不无关系。最后，从动手能力培养这一点说，艺术相对于其他科目更能够容许反复训练，磨练人的耐心和精益求精的精神，所谓"操千曲而后晓声，观千剑而后识器"，"文章不厌千遍改"，"三天不念口生、三天不练手生"等，说的都是这个道理。

美育能够激发学生从事各项活动的兴趣与热情。美国教育家杜威指出，兴趣是与人的自由本质和创造实践联系在一起的，自我和兴趣是同一事实的两个名称。可见，审美教育的自由特征使得个体可以摆脱外在事物的束缚，专注于自己真正喜欢即感兴趣的领域。

在审美教育过程中激发和培养的兴趣有利于打破专业学科对个体的限制。没有"强迫性"或"压抑性"的环境，学生才会产生主动学习与探索的动力，获得最好的效果。在多门学科知识的碰撞与融会中，他们才会打开思路，产生灵感与创意，这即是跨专业"创客"的核心创造力所在。当然这并不代表着弱化专业教育，无论何时，社会都需要"专业型"人才，跨专业的目的是更好地为专业服务，所谓"博闻强识"便是此道理。有自己擅长的领域，又在兴趣的指导下广泛涉猎其他领域，兴趣才能被称为最好的"老师"。

审美教育的根本落脚点在于培养全面发展的人。真正的跨专业"创客"必然是全面发展的人，他们拥有多元化的价值观念，不以追名逐利为人生目标，这样才有可能打破客观因素的束缚进行创新与分享；他们涉猎广泛又有自己深入钻研的领域，开阔眼界才有创新的能力；他们不是"纸上谈兵"，全面提高的综合素质赋予他们自己动手，将创意转变成现实的能力。

最后，我们要特别指出的是，除了以艺术为专长领域的创客，其他创客，也几乎都可以称为"艺术创客"，具有艺术家一样的自由自觉意志、想象力和创造精神，也具有表现力或实践能力；对任何事物都充满热爱，对任何人和事都充满兴趣与热情，追求忘物忘我的至高艺术境界，也愿意为大家创造，在与大家的分享中体验自我实现的快乐。因此，以艺术教育为主体的美育，与创客是有天然内在联系的，这是一个值得进一步探讨的课题，也是一个有待于教育工作者去实践的课题。

《燕赵文化研究》第 2 辑
第 62~73 页

民国时期研究者对"戏剧"概念的认知

金景芝*

摘　要：民国时期戏剧研究者提出了建立新学科的标准。在他们的努力下，戏剧成为一门独立的学科。他们从观念上明确了戏剧艺术的综合性，抓住戏剧的"文学性"和"表演性"特征，完成了戏剧学建构的基础性工作。以王国维、冯叔鸾、佟晶心、叶德均等为代表的戏剧研究者分别从不同角度阐释了戏剧的文学性和表演性，使传统的曲学研究转向宏观的戏剧学科研究。

关键词：民国时期　戏剧　文学性　表演性

随着民国时期"西学东渐"之风的加剧，传统文化受到外来文化的影响，并借此获得了新的推动，学术的发展呈现出繁荣态势。研究者开始从学术的角度思考一门新学科成立的条件，补庵先生云："学之成立不成立，在其方法及其'质'与'量'之分析有无可以卓然自立之点。苟其有之，则究其质及其量，而以科学方法整理而统系之，无在不可以成学。"[1] 很明显，其所谓的"学"也就是我们平常所说的"学科"，可以理解为经过有意识地加以分门别类形成的有体系的知识。而要想成为一门独立的学科，首先要从"质"和"量"两方面考量是否具有"卓然自立"的学科品性。倘若具备，则贯之以"量"的收集和"质"的探究，还要以科学的方法加以统摄，这样就可以"名之为学"了。

戏剧能够成为独立的学科，也是如此。随着戏剧起源、发展、兴盛，在漫长的发展过程中，产生了大量的相关文献，总而汇之，则具备"量"这一条件；其

---

* 作者简介：金景芝，河北大学文学院讲师，文学博士，主要从事民国戏曲研究。

[1] （明）补庵：《补庵谈戏》，中华书局，1924，第 3 页。

中又不乏像《中原音韵》、《曲律》、《闲情偶寄》和《宋元戏曲史》这样深入探讨戏剧特质的论著，保证了"质"的存在。民国时期戏剧研究者接受了西方的戏剧观念，不再满足于仅仅着眼曲律、唱法、表演以及对作家、演员的传记和掌故、史料的记载，他们突破传统戏剧研究路数，开始关注戏剧的创作，追溯戏剧的起源和发展脉络，总结戏剧研究的理论和价值，从宏观上把握戏剧的研究，并且开始注重应用科学的方法归纳总结，找寻规律，使研究渐趋体系化，最终使"戏亦可成为学"[①]。

在民国时期的戏剧研究者中，一部分人对"戏剧""戏曲"的理解沿袭前代曲学观念，将戏剧作为一种传统的文学艺术形式进行研究，如吴梅注重作曲、度曲、制谱、定谱等传统曲学。他们遵循老派学者的传统治学方法，以传统曲学研究为阵地，补前贤之未逮，进一步拓展了研究领域。他们的一系列专著代表了当时曲学研究的最高水平，如吴梅的《顾曲麈谈》、《曲海目疏证》、《曲学通论》和《南北词简谱》，王季烈的《螾庐曲谈》、《集成曲谱》、《与众曲谱》、《度曲要旨》和《正俗曲谱》，姚华的《曲海一勺》、《元刊杂剧三十种校正》和《菉漪室曲话》，等等。另外一些学者则借鉴西方的戏剧观念，从戏剧本身的特质进行思考。概念是戏剧学科最基本的构成要素。研究者对戏剧的概念范畴有了一定的理解和阐释。他们开始考虑戏剧本身的概念，对什么是"戏"、"戏剧"和"戏曲"有了自己的理解判断，戏剧有别于其他艺术形式的特征也被广泛关注。

一 从观念上明确戏剧艺术的综合性

古代戏曲研究往往着眼于戏曲艺术的某一繁荣阶段，或是记述戏曲表演的掌故史料、伶人传记等，或是总结演出经验。前者如元代钟嗣成的《录鬼簿》，后者如元代燕南芝庵的《唱论》、明代徐渭的《南词叙录》等。清代李渔则是古典戏曲研究的集大成者，他的《闲情偶寄》囊括了戏曲编剧方法（《闲情偶寄·词曲部》）、戏剧表演（《闲情偶寄·演习部》）等方面的内容。但是研究重点几乎都是戏剧现象和作家作品，很少涉及艺术规律和戏剧自身特质。

民国时期的戏剧研究开始系统化、科学化，"戏剧观"即涵盖了研究者对戏剧艺术的整体性认识，洪畅提出"它（戏剧观）包括对戏剧的本质、戏剧的审美特

---

① （明）补庵：《补庵谈戏》，中华书局，1924，第3页。

征及戏剧的社会功能等的总体认识"①。这种戏剧观念成为此时期戏剧研究者的共识。从戏剧观念出发探讨戏剧的本质、审美特征及社会功能也成为现代戏剧研究的构成要素。在这种观念下，研究者将戏剧看作一个整体，提出戏剧是多种艺术形式的综合。

王国维站在历史发展的高度研究戏剧，同时他也认为戏剧是一个宽泛的概念。他在《宋元戏曲史》中指出："我国戏剧，汉魏以来，与百戏合，至唐而分为歌舞戏及滑稽戏二种，宋时滑稽戏尤盛，又渐借歌舞以缘饰故事，于是向之歌舞戏，不以歌舞为主，而以故事为主，至元杂剧出而体制遂定。"② 其所谓的"戏剧"与现在通行的、一般意义上的"戏剧"概念含义不同，是汉魏百戏，唐代歌舞戏、滑稽戏，宋代"故事为体、歌舞为用"的滑稽戏，元代杂剧等艺术形式的统称，是一门综合了汉魏以来流传的诸多杂戏（杂曲、杂舞、杂剧、杂技、杂扮等）的表演活动。与此宽泛概念对举，王国维还特别提出"真戏剧"（真正之戏剧）的概念。《宋元戏曲史》"宋之乐曲"章有言："然后代之戏剧，必合言语、动作、歌唱，以演一故事，而后戏剧之意义始全。故真戏剧必与戏曲相表里"③，"唐代仅有歌舞剧及滑稽剧，至宋金二代而始有纯粹演故事之剧，故虽谓真正之戏剧，起于宋代，无不可也"④。显见，"真戏剧"特指形制已趋成熟的宋金杂剧。其概念范畴较之于"戏剧"，无疑进一步缩小了。"真戏剧"的主要特征为"演故事"，而"演故事"这种行为又是与"言语""动作""歌唱"紧密结合的。故而从"真戏剧"开始，戏剧就已经是多种艺术形式的综合了。

王国维在《戏曲考原》一书中也对"戏曲"的概念做出了界定。他认为"戏曲"是继宋金"真戏剧"之后比较成熟的戏剧形式，"戏曲一体，崛起于金元之间"⑤，他明确提出："戏曲者，谓以歌舞演故事也。……虽咏故事，而不被之歌舞，非戏曲也。……虽合歌舞，而不演故事，亦非戏曲也。"⑥ 说明戏曲应该具备的要素即歌、舞、表演、故事情节，同样是综合性的艺术形式。

从王国维的阐释可以看出，"戏剧"概念是宽泛的，"戏曲"概念是明确的，而"真戏剧"则是衔接"戏剧"和"戏曲"的中间态。从"戏剧""真戏

① 洪畅：《中国戏剧的整体观念与中国戏剧的发展》，《戏剧文学》2008 年第 9 期。
② 王国维：《宋元戏曲史》，上海古籍出版社，1998，第 127 页。
③ 王国维：《宋元戏曲史》，上海古籍出版社，1998，第 32 页。
④ 王国维：《宋元戏曲史》，上海古籍出版社，1998，第 61 页。
⑤ 谢维扬、房鑫亮主编《王国维全集》（第 1 卷），浙江教育出版社，2009，第 613 页。
⑥ 谢维扬、房鑫亮主编《王国维全集》（第 1 卷），浙江教育出版社，2009，第 613 页。

剧"再到"戏曲",概念范畴是逐渐缩小并趋于明确的,且呈现了明晰的发展链条。王国维用历史发展的眼光,研究戏剧在不同历史时期的形态,并分析其形成及结构,也明确了戏剧艺术的综合性特征。这在当时的戏剧观念中是比较先进的。

冯叔鸾于1914年提出"戏学"概念。他认为所有关于演戏的理论和技艺都属于戏学,其《戏学讲义》中"戏学者,研究演戏之一切原理及其技术之学科也"①,为"戏学"的研究范围做了初步的界定。在冯叔鸾的戏剧观念中,"戏"是有广义和狭义之分的。他将所有"娱悦心志之游戏"概括为广义的戏剧,这种戏剧既包含传统戏曲,又有各种形式的杂耍、游戏等。狭义的"戏"则专指"扮演古今事实,有声而有色者"——既有演员扮演故事,又充分调动听觉和视觉,突出和强调戏剧自身的特性。其所谓狭义的"戏",实际上已具备四个要素:扮演、故事、歌唱、舞蹈。这与王国维的"以歌舞演故事"的"戏曲"定义大体上是吻合的,代表着学者对戏曲的认识已经趋于统一。冯叔鸾明确阐释了"戏学"的综合性:"合音乐、文学、美术诸般学问而成为戏学。"② 对此创见,他不无自诩:"故吾敢为武断之言曰:戏学之成立及戏学名词之成立皆始于我之《戏学讲义》,前此盖无有也。"③ 是说对学科界定意义重大,筚路蓝缕之功诚不可没。

另一位研究者佟晶心认为:"戏剧是一种艺术,或复合的艺术。而与别人赏鉴的机会,求其提高人类生活的目标。"④ 佟晶心认为戏剧是"复合的艺术",也是在明确戏剧艺术的综合性特征。他认为中国传统戏曲的根本就在于"曲、舞及音乐的调和"⑤。

综上,民国时期的戏剧研究不仅厘清了中国戏剧的发展脉络,还对戏剧的综合性有了基本一致的看法。学者普遍认为戏剧是歌舞、表演等多种艺术形式的综合。冯叔鸾将此作为戏剧之所以能够独立成为一门学科的关键,王国维、佟晶心则以此来概括戏剧的本质。这些论述是从整体特征上对戏剧这一艺术形态进行思考的成果。尽管歌唱、舞蹈作为外部特征都是戏剧不可或缺的因素,但是随着西方戏剧观念的传入,研究者对戏剧本质的理解侧重到故事扮演上。不仅传统戏曲,就连从西方传入的话剧、舞剧等,也都以故事性和扮演性为根

---

① 马二先生(冯叔鸾):《戏学讲义》,《游戏杂志》1914年第9期。
② 冯叔鸾:《啸虹轩剧话》,《游戏杂志》1914年第18期。
③ 马二先生(冯叔鸾):《戏学讲义》,《游戏杂志》1914年第9期。
④ 佟晶心:《新旧戏曲之研究》,上海戏曲研究会,1926,第16页。
⑤ 佟晶心:《新旧戏曲之研究》,上海戏曲研究会,1926,第19页。

本属性。

民国时期的戏剧研究者对戏剧综合性的认知也可看作在中西方思想碰撞的文化背景下戏剧观念的进一步发展，这表明中国戏剧研究在特定的历史环境中开始向着更为系统化、科学化的方向发展。

二　从文学性和表演性上分析戏剧的内涵

（一）文学性和表演性是戏剧综合性的重要体现

戏剧是一种包含音乐、舞蹈、歌唱等多种构成元素的综合艺术，各种艺术形式的兼收并蓄使戏剧达到"无体不备"的地步。戏剧综合性的含义是多层面的，不仅体现在构成要素上，也体现在整体特征上。无论王国维所谓"以歌舞演故事"，还是冯叔鸾所谓"合音乐、文学、美术诸般学问而成为戏学"，都说明戏剧在表演性之外，还要具有文学性。戏剧若要吸引人，不仅故事情节本身要具有文学性，唱词也要体现文学性，这样才能带给人审美愉悦。我们无法想象缺乏文学性的戏剧会怎样。

文学性和表演性可以看作戏剧综合性的重要体现。中国传统戏曲从其历史发展的角度看经历了"表演本质的艺术—经文学（主要是古典诗歌）的整合而成为文学本质的艺术—文学被降为'被综合者'而重新成为表演本质的艺术"[1] 这样三个阶段。"文学的整合"是文学性与表演性相结合的开始。这种结合是戏剧艺术发展的必然要求，并且两者一旦结合，将伴生始终。即便第三阶段文学性有所"降格"，亦并非文学性地位的下降，而是在保证主体性即戏剧的表演性的前提下，经过一番有机融合，做了合于艺术规律的调整。元代以前的戏剧主要以演员表演为主，属于表演本质的艺术。元杂剧及明清戏曲主要以文人创作为主，相应的戏剧研究也演变为以剧本的文学性研究为主。民国时期随着西方戏剧观念的引进及戏剧自身的发展，研究者认识到戏剧的综合性，他们在阐释戏剧内涵的时候，注重从其文学性和表演性两个方面入手。这种做法可谓抓住了重点。

王国维在《戏曲考原》一书中将"戏曲"定义为"以歌舞演故事也"[2]，将戏曲要素归纳为歌舞和故事。其中"歌舞"是戏曲外在的表现形式，是戏曲表演性

---

① 吕效平：《论"现代戏曲"》，《戏剧艺术》2004 年第 1 期。
② 谢维扬、房鑫亮主编《王国维全集》（第 1 卷），浙江教育出版社，2009，第 613 页。

的展示；"故事"则属于戏曲所表现的内容，是戏曲文学性的体现。"……虽咏故事，而不被之歌舞，非戏曲也。……虽合歌舞，而不演故事，亦非戏曲也。"[1] 在王国维看来，歌舞和故事是构成戏曲必不可少的两个条件。他在《宋元戏曲史》中对"戏剧"构成要素的理解也是在此基础上形成的。他认为"戏剧""必合言语、动作、歌唱，以演一故事"[2]，其中"言语""动作""歌舞"都属于直观的外在表现形式，是表演性特征的体现；"故事"则是戏剧要表达的内容，是戏剧文学性特征的体现。王国维对"戏曲"和"戏剧"的内涵有独特的理解，但在他的学说中，这两个概念无论有何差别，都能体现出故事的文学性和歌舞动作的表演性特征。

冯叔鸾指出戏的三要素是脚本、姿势、声调。脚本关乎内容、情节、结构，是戏剧文学性的体现；姿势和声调则涉及戏剧表演活动，是戏剧表演性的体现。董每戡在《中国戏剧简史》"前言"中指出戏剧具有两重性，分别是"文学性"（Dramatic）和"演剧性"（Theatrical）[3]。这些学人对此可谓达成了共识。

尽管研究者已经清醒地认识到文学性和表演性都是戏剧不可或缺的，并加以理论阐述，但是在具体的研究实践中，却是有所偏颇的。一直以来，关于我国戏剧的研究便是侧重戏剧文学性的研究，戏剧剧本内容及风格、作家生平考证等方面的论著数量众多，对于戏剧的表演性关注不够。即便王国维的《宋元戏曲史》和同时期日本学者青木正儿的《中国近世戏曲史》以及吴梅的《中国戏曲概论》等著作，对中国传统戏曲的起源、发展、兴盛，经典剧目的故事、版本等文学性都进行了详细的论述，但是关于戏剧表演的内容却数量有限。齐如山将戏剧研究的兴趣和重心放在舞台表演上。他注重戏剧脸谱研究，对表演身段、行头盔头等演出实践中的具体问题也有专门的研究。董每戡也认识到戏剧表演的重要性，他转换研究方向，在《中国戏剧简史》中侧重戏剧的演剧性研究，将戏剧的表演性作为研究的重点，在一定程度上改变之前研究的不均衡状态，可以说是当时戏剧研究的一大进步。文学性和表演性是戏剧综合性的重要体现，两者不可偏废。

---

① 谢维扬、房鑫亮主编《王国维全集》（第 1 卷），浙江教育出版社，2009，第 613 页。

② 王国维：《宋元戏曲史》，上海古籍出版社，1998，第 32 页。

③ 董每戡：《中国戏剧简史》，商务印书馆，1949。

（二）戏剧的文学性研究

戏剧的文学性，固然要通过故事之曲折、曲辞之典雅来体现，因此戏剧的文学性研究，沿袭了古典文学的治学理路，主要集中在对剧本的研究上，包括剧本的题材内容、曲辞风格、章法结构等，也涉及对作家的研究。这也是传统戏剧研究的着力点。民国时期学者在前人成果的基础上，纠正错讹，发挥创见，继续有力推动着戏剧的文学性研究。

剧本与小说属于叙事文学，很多剧本都直接取材于古代小说，所以小说是戏曲的重要参照。叶德均说："关于戏曲与小说两者本事相同及互相影响，近人治戏曲史或小说史者，都能予以注意。这因为两者的关系异常密切，而供比勘互证及故事演化之用。"① 戏曲和小说之间可以两相对照，研究故事的演化轨迹。事实上对两者关系的研究古已有之，但是由于缺乏严谨的考证和科学的方法，其中存在颇多讹误。叶德均在《跋〈霜崖曲跋〉》中指出："关于戏曲的本事和作者，前人杂著中颇多荒谬无稽的传说，特别是流传最广的几部，如西厢记、琵琶记、牡丹亭等，谬言更多。但这在曲跋中虽多引述，却都能一一辨别是传附会之说。"② 吴梅也在《霜崖曲跋》中对《西厢记》《琵琶记》等剧本的源流进行了辨别。

此外，民国时期研究者清醒地认识到了剧本内容与小说原作之间文学性的差异。"有小说极无价值而排戏乃脍炙人口者，如《施公案》、《彭公案》、《杨家将》、《绿牡丹》之类是也。有小说极为名贵而排戏之取材绝少，偶或有之，亦不能风行一时者，如《红楼梦》、《聊斋》之类是也。"③ 这种差异是改编过程中不可避免的，即使相同的素材，在不同的艺术载体上，也会呈现不同的艺术表现力。这（舞台限定）正是戏曲的文学性不同于一般文学作品的原因所在。

戏剧的文学性研究还体现在对剧本故事情节、结构的研究上。

在西方戏剧观念中，情节是构成戏剧作品的首要因素，亚里士多德将戏剧情节看作"行动的摹仿"④。情节既要展示戏剧人物之间的冲突，又要表现人物的内心活动，塑造鲜活的人物形象。在中国传统戏剧作品中，故事情节决定着戏剧的

---

① 叶德均：《跋〈霜崖曲跋〉》，《风雨谈》1944 年第 9 期。
② 叶德均：《跋〈霜崖曲跋〉》，《风雨谈》1944 年第 9 期。
③ 燕山小隐：《梨园闲话》，《游戏世界》第 1 卷第 4 期。
④ 〔古希腊〕亚里士多德著《诗学》，陈中梅译注，商务印书馆，1996，第 78 页。

演出效果。跌宕起伏的故事情节能够增强戏剧的故事性，是构成戏剧冲突的关键。围绕着故事情节，还可以进一步探讨剧中人物形象、剧作者创作主旨。

民国时期戏剧研究者注重研究经典剧目，探讨剧中人物形象。陈墨香评关汉卿的杂剧《单刀会》说："肃之本谋，与周瑜貌异心同，欲挟羽与曹操攻战耳。权既遣备还，则补救之术，唯肃最为得之，而岂私羽耶。瑜肃吕蒙，皆相友善。瑜欲留备，肃则遣之。肃欲抚羽，蒙则图之。"① 陈墨香通过《单刀会》的情节发展来分析鲁肃、周瑜、关羽、吕蒙等人物的性格特征及其之间的关系，认为这些个性鲜明的人物形象，很好地诠释了戏剧的矛盾冲突，增加了戏剧的艺术魅力。

王泊生的《〈牡丹亭〉剧意鳞爪》则从《牡丹亭》的故事情节推测作者的写作主旨。他认为尽管《牡丹亭》的情节冗长散漫，没有跳出佳人才子传奇的俗套，但从其"标目""言怀""训女""腐叹"等情节中可以明显看出汤显祖写作此剧的主旨"是在反对戕害自然的礼教"②。显见这种说法是当时社会思潮的反映，是站在时代高度对传统经典的重新阐释。

剧本的结构研究是戏剧文学研究的重要方面。戏剧作者根据剧本的内容和情节发展，对剧中人物和事件进行合理的组织安排，以便更好地表达戏剧的主题内涵。中国传统戏剧研究中，很少涉及剧本结构。只有清代李渔在《闲情偶寄》一书中的《格局第六》专门论述戏剧剧本的结构。民国时期的研究者率先发现这种不足，如徐裕昆在《论元剧之布局》中说："晚近之论文曲者亦多矣，惟长篇短章，率皆述及元曲之文章，乃至格调，而鲜有注意其结构者。"③ 他还借用亚里士多德的戏剧观点指出结构布局的重要作用："是故希腊诗人亚里斯多德氏论作剧之要素凡六：一曰布局，二曰性格，三曰措词，四曰思想，五曰设境，六曰歌曲。"④ 一旦认识到戏剧结构的重要性，那么便为系统科学地研究戏剧的结构打下了基础。

郑振铎《论北剧的楔子》中对于北剧楔子的定义、所在的位置、使用规律等进行详细举例和说明。如他认为："'楔子'的位置并不固定，或在剧首，或在'折'间。"⑤ 说明北剧的楔子可以放在任何相连的二折之间。蔡莹《元剧联套述

---

① 陈墨香：《关大王单刀会札记》，《剧学月刊》1933 年第 2 卷第 1 期。
② 王泊生：《〈牡丹亭〉剧意鳞爪》，《剧学月刊》1933 年第 2 卷第 1 期。
③ 徐裕昆：《论元剧之布局》，《光华大学半月刊》1933 年第 2 卷第 5 期。
④ 徐裕昆：《论元剧之布局》，《光华大学半月刊》1933 年第 2 卷第 5 期。
⑤ 郑振铎：《论北剧的楔子》，《留英学报》1928 年第 2 期。

例》收录元剧套曲 119 种，并论述套数长短，分析解说套式规律。[①] 叶德均从戏剧史的角度入手，从发展的角度来看待戏剧的结构，他在《跋〈霜崖曲跋〉》中指出："一种文体经过若干时日，必有种种变化；而变化的结果使后来的作品往往非前人规范可以限制。从戏曲史的立场来说，也只可客观地说明一个楔子是元人的定格，二个楔子是明人的变格，不必评论其正误。更如明清杂剧有多至七八折，又有用南曲或南北合套作剧的，也都和元人规例不合，在戏曲史上也只应说明是四折及以北曲作剧的衍化，不能以元人死范围来作批评标准。"[②] 许地山《梵剧体例及其在汉剧上底点点滴滴》将中国传统戏剧与印度梵剧对照，比较梵剧与中国戏剧在结构上的相似之处。[③] 以上论述说明民国时期的戏剧研究已经将剧本结构作为一个重要课题了，表明当时研究者对剧本结构的重视，为戏剧研究的全面发展奠定了基础。

除了上述剧本题材内容、情节、结构之外，民国时期有关戏剧文学性的研究还涉及作家流派与风格、生平考证等诸多内容。对戏剧作家的研究多集中在研究一代或一派作家的风格特征、考证作家生平或品评作品上。大量作家作品研究纷纷在此时期涌现，不仅详细考述了著名戏剧作家（如关汉卿、汤显祖、李渔等人）的生平，还对《窦娥冤》《牡丹亭》《长生殿》等经典剧目的文学性作了详细探讨。可以说延续了此前的传统戏剧研究理路，并进一步深化。

所有这些基于民国时期社会思潮转型及新研究方法传入而产生的新变化、新意识、新发现，都体现了戏剧研究的系统化、科学化，为戏剧学科的构建奠定了坚实的基础。

（三）戏剧的表演性研究

戏剧在外在表现形式上与其他艺术形式有明显的不同。历代戏剧研究者对戏剧表现形式的研究因为其特定的历史文化环境不同而有所侧重。总体来说，古代曲论中对戏曲外在形式的研究集中在制曲唱腔方面，民国时期研究者则开始关注戏曲的舞台表演性。

民国时期，"表演性"这一戏剧的根本属性，开始受到学者的空前重视。徐凌霄在《剧学月刊》创刊号有《补充悔庐的话》，提出了戏剧不同于小说等纯粹的文

---

① 蔡莹：《元剧联套述例》，上海商务印书馆，1933。
② 叶德均：《跋〈霜崖曲跋〉》，《风雨谈》1944 年第 9 期。
③ 许地山：《梵剧体例及其在汉剧上底点点滴滴》，《小说月报》1927 年第 17 卷。

学作品："小说无论是线装是木版，总可以摊在明窗净几之间仔细观玩；戏剧则不是只看戏本就能了解的，必须在戏园里实地观察。动作，服装，音乐，等等需要相当时间之研究。"① 徐凌霄认识到戏园里的表演实践是戏剧不同于其他文学作品的重要因素，需要花费大量时间和精力来研究。

"表演性"甚至成为学者考察戏剧起源、概括戏剧内涵的重要参照。王国维、刘师培等即从"表演性"来归纳"戏剧"的内涵。

王国维在《宋元戏曲史》开篇即提出，"歌舞之兴，其始于古之巫乎？……巫之事神，必用歌舞"②，认为戏剧起源于古巫的歌舞。王国维又言，"古之祭也必有尸。宗庙之尸，以子弟为之"，"群巫之中，必有象神之衣服形貌动作者，而视为神之所冯依"。这是对巫术祭祀中摹仿扮演意识的详细阐释。《宋元戏曲史》第一章"上古至五代之戏剧"，以"戏剧"统称三代"八腊之礼"、楚越之巫、汉代俳优、角抵之戏以及唐代的滑稽戏、歌舞戏等，他还说"宋金以前杂剧院本，……其结构与后世戏剧迥异，故谓之古剧。古剧者，非尽纯正之剧，而兼有竞技游戏在其中……"③，将形式上没有统一规定的扮演活动都归纳为戏剧；对元代以后的戏剧则以"以歌舞演故事"来阐释，从"歌舞"这种外在表现形式上对戏剧加以界定，依然是将其视为表演本质的艺术。

刘师培在《原戏》一文中追溯戏剧起源，认为戏剧源于歌舞。在他看来："歌以传声，舞以象容，故歌诗以节舞。以歌传声，复以舞象容。"④ 他还不遗余力地找寻戏剧与乐舞之间的相似点，对戏剧起源于歌舞的假设加以推敲验证，如"象舞陈武王伐纣之功，犹之后人戏曲，侈陈古人战迹耳"，"《乐记》又云：'执其干戚，习其俯仰屈伸，容官庄焉；行其缀兆，要其节奏，行列得正，进退得齐焉'非即戏曲持器操械之始乎"，"而武王克殷，亦杂演夏廷故事，非即戏曲装扮人物之始乎"。他不但详细论述戏剧起源与歌舞之关系，还抓住戏剧的表演要素，去歌舞中寻找对应关系，以证明观点，有较强的针对性和说服力。在刘师培看来，戏剧由"歌舞"表演带动戏剧舞台演出的整体效果，形成了传统戏剧集唱、念、做、打等表演为一体的综合性艺术特征。

随着中西文化交流的不断深入以及戏剧舞台实践的发展，有学者提出研究戏

---

① 徐凌霄：《补充悔庐的话》，《剧学月刊》1932 年创刊号。
② 王国维：《宋元戏曲史》，上海古籍出版社，1998，第 2 页。
③ 王国维：《宋元戏曲史》，上海古籍出版社，1998，第 58 页。
④ 刘师培：《原戏》，《国粹学报》1907 年第 34 期。

剧要注意舞台实践，也对戏剧的"表演性"提出了独到的见解。

郑振铎说："惟一般的研究者，往往只知着眼于剧本和剧作家的探讨，而完全忽略了舞台史或演剧史的一面。不知舞台上的技术的演变，和剧本的写作是有极密切的关系的。如果要充分明了或欣赏某一作家的剧本，非对于那个时代的一般舞台情形先有了些了解不可。"① 这段话充分道出了戏剧舞台表演的重要性，不仅提醒要注重舞台技术环节，还指出表演性会直接影响剧本的写作。想要了解剧作家的剧本，必须要从当时的舞台情形（亦即"表演性"）入手，这番见解与"知人论世"的传统文学批评方法颇有触类旁通之处。

"表演性"对戏剧而言是如此重要，以至足以从表演的角度重新解读戏剧这一概念。陈大悲认为民国时期是一个"旧时代已去、新时代到临"的时期，在这样一个新旧交替的时代，戏剧的内涵也需要重新界定，他沿用美国现代戏剧批评家汉密而敦的观点，认为："戏剧是由演员在舞台上，借客观的动作，用情感而非理智的力量，当着观众，表现一段人与人间意志的冲突。"② 这种"表现"也就是演员在舞台上用动作来展示情感冲突并表演给观众欣赏，亦即戏剧的"表演性"。陈大悲甚至认为无论有无歌舞、布景，只要包括演员、舞台、动作、情感、观众，就可以称之为戏剧。他的观点并非主流，但是却代表了在民国时期新的文化氛围中，对戏剧艺术的重新认识，突出了戏剧的表演性特征。

另一位学者董每戡也借鉴西方戏剧学观点，从"戏剧"一词的本义着眼，认为："戏剧这名词的希腊语原义便是'行动'，中国语原义也一样，戏剧固然需要言辞，但决不及行动重要。"③ 其所谓"言辞"与"行动"，等同于戏剧的文学性与表演性。无疑他是在强调戏剧的表演性比文学性更加重要，这是尊重戏剧自身艺术规律的、合理的阐发。

民国时期学者对戏剧的研究范围由音乐唱腔扩大到摹仿表演上，既是受到西方戏剧观念影响的结果，也是戏剧艺术自身发展到重视舞台表演阶段的必然体现。

① 郑振铎：《清代燕都梨园史料正续编·序》，见张次溪编纂《清代燕都梨园史料正续编》，中国戏剧出版社，1988。
② 陈大悲：《戏剧 ABC》，世界书局，1928。
③ 董每戡：《中国戏剧简史》，商务印书馆，1949，第 5 页。

三　结语

戏剧是一门博大精深的舞台艺术，有着旺盛的艺术生命力。民国时期的戏剧研究者在新旧交替的文化环境中，从不同的角度出发，对"戏剧"的概念和特质进行阐发。他们将戏剧看作一个整体，从观念上确立了戏剧的综合性特征。他们还注重从文学性和表演性两个方面进行分析，详细地解读"戏剧"的内涵。民国时期的"戏剧"观念是戏剧研究依循科学的步骤，进行整体系统研究的开始，也是戏剧学成为一门独立学科的开始。

《燕赵文化研究》第 2 辑
第 74~83 页

寓言之图[*]

——瓦尔特·本雅明的寓言观研究

桂思琪^{**}

摘　要： 在本雅明看来，寓言本身具有的反抗性质使其挣脱了传统，成为看待世界的新视角，这是本雅明面对资本主义社会表征困难的危机做出的深入思考与回应。在本雅明寓言理论中，"图像"具有举足轻重的地位。"图像"不仅是探寻现代寓言内涵的重要维度，也是现代寓言的展现方式。现代社会被分割成碎片形态，无数的碎片组成了废墟形象，生存在废墟中的人带有忧郁的气质，与寓言互为表里。本雅明将资本主义世界精准地描绘为破碎而静止的图像，力图唤醒人们对世界的真实认知，以实现对现代社会的最终救赎。

关键词： 本雅明　寓言　图像　救赎

瓦尔特·本雅明（Walter Benjamin，1892—1940）是现代寓言理论的集大成者。本雅明在《德意志悲苦剧的起源》（*The Origin of German Tragic Dram*）一书中，初步建构了寓言（allegory）概念，并将其始终贯穿在他一生的著述之中，比如绘制 19 世纪巴黎寓言图的"拱廊街计划"，以寓言方式激活记忆的《单向街》（*Gesammelte Schriften*）、《柏林纪事》（*Berliner Chronik*）等，除此之外，他的翻译观、艺术观等无不渗透着寓言理论的影子。围绕寓言观开展研究，是探索本雅明哲学思想的一条重要路径。本文尝试从图像角度切入，对本雅明的寓言观进行解读。

---

　　* 项目基金：河北省社科基金项目"后理论时代的乔纳森·卡勒研究"（项目批准号：HB13WX020）。

　　** 桂思琪，上海大学文艺学硕士研究生。

一　寓言理论的批判与重释

在漫长的西方历史中，"寓言"一词存在已久，在不同时期具有不同的意义和内涵。本雅明在 20 世纪初期通过对这个概念进行创造性的批判与重建，叛离了西方的传统认知，赋予其新的价值与使命。一方面，本雅明将寓言从修辞的范畴中解放出来，把寓言看作是一种看待世界的眼光和思考方式。另一方面，将寓言从历史的偏见中解放出来，划清了寓言与象征的界限，重新确立了它的历史地位。为了确立本雅明的寓言观建构的历史渊源，厘清寓言在不同时期的概念，寻找其对西方传统继承与批判的部分无疑是十分重要的。

（一）寓言内涵的界定

寓言有多种内涵，学界对此的解释也不尽相同。通常意义上，寓言以文体的形式出现，文体意义上的寓言以"fable"表示。"allegory"① 是寓言故事中的一种表达方式，即用某物的意义在另一物身上来喻指。可以明确的是，本雅明所强调的是后者。关于后者的释义，西方学界并未形成一致的界定。比如《牛津文学术语词典》将寓言解释为："具有第二独特含义的故事（story）或者视觉形象（visual image），部分隐藏在字面意义（literal）或可见意义（visible meaning）之后。"② 维柯在《新科学》中则认为寓言是"把各种不同的人物，事迹或事物总括在一个相当于一般概念的一个具体形象里去的表达方式"③。不同权威辞书的解释和定义不尽相同，但也可找到其中的共识：其一，寓言的指涉不是自明的，而是以隐匿和谜语的形式出现的；其二，寓言的能指和所指不是必然统一的关系；其三，寓言的表现方式一般以画面、场景为主。而在本雅明看来，图像是进入寓言的重要途径，寓言是现代社会的表现方式，三者呈现出某种程度上的同构关系。在此之前，本雅明必须打破传统，为建立现代寓言做铺垫。

首先，本雅明使寓言从常规理解中解放出来，让其成为对这个世界的理解和思考方式。在德国古典主义时代，即便是最伟大的艺术家也对"寓言"抱着轻蔑的态度。黑格尔就认为，寓言是象征的形式之一，仍然是一种低级的思考方式，

---

① 国内学界，通常将"allegory"译为"讽喻""寄寓""寓言"。为了行文清晰，本文统一译为"寓言"。
② 〔英〕波尔蒂克（Baldick, C.）编《牛津文学术语词典》，上海外语教育出版社，2000，第 5 页。
③ 〔意〕维柯：《新科学》，朱光潜译，人民文学出版社，1986，第 119 页。

只具备教化劝诫功能，甚至是不值得讨论的。首先将寓言和象征区分开来的是歌德。他提出："诗人究竟是为一般找特殊，还是在特殊中找出一般，这中间有一个很大的分别。由第一种程序产生出寓言诗，其中特殊只作为一个例证或典范才有价值。但是第二种程序才特别适宜于诗的本质，它表现出一种特殊、并不想或明指到一般。"① 歌德对寓言的重建依然是贬低式的。他将寓言与象征区分的目的是突出象征的诗学地位。因为，寓言之中的形象是一个例证或者典范，概念和形象完全捆绑，概念无法引发超出形象之外的联想。象征则是"特殊中找出一般"，概念和形象就不再画上等号，二者不再是僵死的人为对应关系，而是不可捉摸、令人产生联想的，更适宜于诗的本质。本雅明认为，象征恰恰是艺术哲学的"篡位者"，象征具有绝对的不可抗拒的命令性质，它带有趋向统一的倾向性，只是适宜古典主义的技巧，无法解释现代社会。因此，他把德国古典时期对寓言的评价称为"复古主义（Klassizismus）偏见"。

（二）寓言理论的现代性重建

在"复古主义"传统哲学中，寓言是作为衬托象征之光明的配角存在的。本雅明便是通过对象征的解构为寓言正名，揭示寓言的价值和意义。

其一，对瞬间性的反抗。本雅明借助克洛伊泽尔的理论完成了寓言对象征的反叛。克洛伊泽尔将象征和寓言的本质区别概括为四个方面：瞬间性、整体性、以其起源不可探究、必要性②。而二者最突出的区别就是"瞬间性"的有无。其中"瞬间性"的重要意义在于，它使得事物的每一秒都极富成果，灵魂在每一个这样的瞬间都极富张力。究其原因，"瞬间性"意味着对"无可量度的深广"的主动放弃，从而使人在短时间内达到极度的充实与满足。象征的清晰、简单的特质使其与"瞬间性"紧密联系在一起。与之相对应的是，寓言却因缺失"瞬间性"而丧失了形式上的美与本质上的统一性，本雅明却体察到了这种缺失恰好使寓言更接近事物的本质。

其二，对完满性的反抗。人类在对瞬息万变的外在世界的体验之中，感受到一种无所依靠的惶恐，从而对稳定和完满的追求成为人类安身立命的落脚点。自古希腊以来，人类开始不懈追求完满，人的幸福也是建立在无限趋近于完满的基础之上的。而象征力图贯通事物的内在意义和外部实在，通过对不在场进行召唤

---

① 朱光潜：《西方美学史》（下卷），人民文学出版社，1991，第 46 页。
② 〔德〕瓦尔特·本雅明：《德意志悲苦剧的起源》，李双志、苏伟译，北京师范大学出版社，2013，第 222 页。

和连接，呈现出完满统一的世界。象征这种追求的终极目标指向形而上学的神性，是无法实现的彼岸的完满。虽然象征隐藏着追求完满和谐的"美"的野心，然而这种完满"美"是虚假的。与之相对的是，寓言则中断了对神性、内外和谐完满的追求，对于寓言来说，两个概念之间的联系往往是机械而停滞的，并且这种联系不是自然而然产生的，是人为建立起的一种易于理解的联系。寓言从诞生之初就没有追求神性的完满的旨趣，它是褫夺"美"的表象，从而使事物显露出"永未完成性"的本质。本雅明认为，这才是人类抵达真理的更可靠的途径。

其三，寓言拒绝了能指与所指之间的自然联系，抗拒着和谐和统一的关系。在本雅明看来，寓言是一个"同谜语一样充满意味的角色"[①]，它不可能遵从事物之间的自然联系法则。在寓言中，能指和所指往往是独立的，当它们的联系被打破时，能指和所指回到自己本身。于是本雅明说："寓意画家并不指出'图像背后'的本质。"[②] 在寓言中，本质已经直接在形象之前，和"形象-意义"之维似乎并无关系，它并不关心这二者之间的联系是如何建构的，有什么自然而然的共同之处，而是直接作为一种直接将实在裸露出来的手段。

在重新建立现代寓言的过程中，本雅明发现了以图像进行表征的方式。尤其在巴洛克时代，古典时期的理性、秩序呈现出衰落的势头，进而表现出一种无规则的对世界的直接展现。无论是绘画、音乐还是戏剧，巴洛克风格更倾向于感官上尤其是视觉上的直接体验。尤其是在巴洛克悲苦剧中，本雅明找到了寓言的力量。进入现代社会之后，在资产阶级物化作用下，图像代替了真实，幻象压倒了历史，人逐渐丧失了对客观存在的事物的感知能力，甚至是感知自身的能力。在本雅明看来，这在某种程度上无疑和巴洛克时代重叠了。本雅明试图以图像为中心对寓言的内涵进行现代性的重建，以此完成对现代人类的救赎。

二　以图像为特征的现代寓言

为了构建现代寓言，本雅明引入了三个概念——碎片、废墟和忧郁，并将图像作为这三者存在的基石。在本雅明看来，图像是碎片的存在形态，废墟则是由破碎的图像所构成的世界，忧郁则是这整个废墟世界显露出来的气质。

① 〔德〕瓦尔特·本雅明：《德意志悲苦剧的起源》，李双志、苏伟译，北京师范大学出版社，2013，第226页。
② 〔德〕瓦尔特·本雅明：《德意志悲苦剧的起源》，李双志、苏伟译，北京师范大学出版社，2013，第252页。

（一）碎片

在现代社会，资本主义工业化将世界的完整性破坏殆尽，世界被工厂忙碌的生产线撕碎，人也被切割为不完整的个体。在这样的情势下，代表着寓言本质的图像被本雅明直接与碎片（Fragmentierung）画上了等号，其根本目的在于，用碎片打破现代社会表征的困境。对此他解释道："在寓言直觉领域里，图像就是碎片。"[①] 事实上，碎片打破的是传统的有机统一，这种统一性往往具有双重内涵。

其一，表现在艺术作品的完满上，它们的外在和内在往往表现出对统一、和谐的永恒追求。但是，在本雅明看来，一切美都覆盖着虚假的面纱。随着整个古典时代的终结，古典主义艺术作品所展现出的完美外观注定要走向衰落，传统标准判断艺术的方法已经失效。巴洛克戏剧自身的破碎自在自为地印证了这一点，体现在其戏剧对话的破碎堆叠、角色的破碎等方面。巴洛克戏剧借助字母文字的组合、修饰对声音进行反抗，从而凸显自身的形象，而语言的破碎使得能指获得独立地位，这一系列操作完成了对完满整体的解构，从而反映出世界意义的内在性衰落。

其二，表现在整个古典社会结构的统一上。与之相反的是，寓言所代表的世俗、自然的历史是不合时宜的破碎又停滞的受难史。如本雅明所言："在象征中，自然改换过了的面容伴随着对毁灭的美化在拯救的光芒中匆匆展现自身，而在寓言中则是出现在观者眼前的僵死的原始图景，是历史濒死时变出的面容。历史中一开始就让不合时宜、充满苦难、颠倒错位的一切都在一个面容上——不，是在一个骷髅头上留下了印记。"[②] 在对动态历史的默认中，被忽视的是这个过程中否定性的、毁灭性的部分。因此，本雅明尤为强调历史停滞不前的状态，认为在寓言中它只是一副僵死的面容。

为了印证这个观点，本雅明着手"拱廊街计划"写作，力图用碎片描述出现代巴黎的社会图景。首先，按照本雅明的说法，"拱廊街计划"最初的框架来自法国超现实主义作家阿拉贡于 1926 年发表的小说《巴黎城里的乡巴佬》。本雅明从这篇小说中体验到了一种对事物进行图像式呈现的全新表征方式。于是，本雅明使用大量巴黎街头的景物图像进行素描式的堆叠和拼接，形成一种密集而独立、破碎而有力的星丛式表达。其次，本雅明试图用碎片表现出商品拜物教下的巴黎

① 〔德〕瓦尔特·本雅明：《德意志悲苦剧的起源》，李双志、苏伟译，北京师范大学出版社，2013，第 240 页。
② 〔德〕瓦尔特·本雅明：《德意志悲苦剧的起源》，李双志、苏伟译，北京师范大学出版社，2013，第 226 页。

街头。在巴黎，现代工厂打破了集体劳动的传统，在生产资料私有制下，资本家操控了整个生产过程，社会生产被切割成一个一个彼此隔断的资本工厂，它们相互竞争，将彼此视为仇雠，如同碎片一样排布在市场中。相应的，从碎片生产的工厂流水线出来的商品自然也是破碎的。商品拜物教让事物不再是存在的物质那么简单，它们的交换价值超过了使用价值，它们自身存在的自然联系被割断，成了单纯的交换符号。最后，碎片是对现代人在现代生活的困境中产生的心理的一种回应。传统时代衰落之后，人们失去了以往的荣光而进入碎片化的现代社会。人们行色匆匆，忘记了如何驻足，具有深度、需要时间思考的东西已经不再适宜这个社会了，于是，经验的完整连续被破碎的、一闪而过的图片所取代。现代人为了抚平在完整性缺失中产生的巨大的焦虑感，更渴望新鲜事物的冲击，渴望不断面对突发的事件，这样就能在不断遭遇中产生接近于连续的快感。而碎片恰恰是短小的、浅薄的、数量众多的一种表现形式，恰如其分地代表了现代人的追求。

（二）废墟

在巴洛克悲苦剧中，破碎的山峦、倾塌的宫殿、堆积的白骨和骷髅这些衰败图景比比皆是。本雅明从中提取出废墟（ruinen）形象，认为这正是资本主义文明发展的结果。在现代，废墟更是成为社会、历史、精神等各方面的表现形态。

其一，历史的废墟。本雅明认为，历史并非永远展现永恒和进步，实际上它正持续走向颓败，最终成为废墟。如他所言："历史以这种废墟让自己发生变形而进入展演场地。如此形态的历史展示出的并非一种永恒生命的历程，而是不可挽回的衰败过程。"[1] 本雅明打破了美的理想，揭示了人类历史堕落的真相。但事物都是辩证出现的，破坏往往意味着重建，堕落往往意味着新生。作为一位历史唯物主义者，本雅明的目的很显然，他期望在历史的废墟中寻找救赎的可能性。

其一，理性的废墟。理性是西方近代哲学的核心概念。人们相信凭借理性可以解决一切问题。直到进入 20 世纪，二次世界大战让人们发现了理性的虚假和苍向。因此，西方出现了一种强调人的感性维度的思潮，提倡对理性的突破。在这种情况下，本雅明首先对康德提出质疑，重新为经验正名："康德认识论的决定性错误在于，对他而言，经验是空洞的。"[2] 由此可见，本雅明反对将经验视为在理性认知之下低级的思考方式，企图直接站在内在维度进行艺术批评，竭力取消理

---

[1] 〔德〕瓦尔特·本雅明：《德意志悲苦剧的起源》，李双志、苏伟译，北京师范大学出版社，2013，第 242 页。

[2] 〔德〕瓦尔特·本雅明：《写作与救赎——本雅明文选》，李茂增、苏仲乐译，东方出版中心，2009，第 22 页。

性主义的评估准则。废墟是一种对事物认知的直观状态，是剥离了"美"的表象后的真实面目。本雅明取消了理性判断的过程、客观衡量的标准，直接进行自我体验。

其三，精神的废墟。资本主义世界改变了人的心理状态，人们常常感到惊惧、痛苦、焦虑。本雅明在《德意志悲苦剧的起源》中宣告了世界的改变，在巴黎"拱廊街计划"中宣告了人的改变。在本雅明笔下，波德莱尔作为第一位"现代主义者"漫游在城市废墟中，和拾荒者为伍，见证现代资本主义工业下传统社会的消失。透过波德莱尔，本雅明提出"非人"的现代心理就是"震惊"体验。"震惊"体验是现代人精神废墟的产物。它一方面充斥着面对未知和快速发展没有停顿的世界的不安，又从快速冲撞、相遇中产生快感；另一方面，"震惊"体验的形成和废墟互相补给。精神废墟是震惊形成的温床，而震惊的成就是使得意识的完整性愈加丧失，现代人的精神世界也因此变得更为破碎混乱。

（三）忧郁

忧郁（melancholie）是在精神层面所显示出的特征，最早和疾病相关。弗洛伊德认为，忧郁者和外界的联系被完全阻隔。而本雅明试图将二者联系起来，提出忧郁者在自动背离世界的同时，也自动将世界纳入思考的范围，忧郁者背负着一种与生俱来的责任——打破对客观世界的幻觉以实现对物的拯救。忧郁的真实性具体表现在以下两个方面。

其一，忧郁是看待真实的失落世界的眼光。在《德意志悲苦剧的起源》中，本雅明从分析丢勒的画作《忧郁》入手，认为面带忧郁的人像患有狂犬病的狗，丧失了忍耐力与活力。于是世界投向忧郁者的眼光是忧郁的，而忧郁者看向的世界也变成忧郁的。在忧郁者眼里，世界不是天堂的完满状态，而是寓言的废墟世界。在这样的状况下，忧郁是寓言必然产生的气质，本雅明直接提出了忧郁的本质就是转变为寓言，"而这恰恰是忧郁沉思（melancholische versenkung）的本质所在：忧郁沉思相信在其堕落的最后对象中确切地保有自身，而这最后的对象转变为了寓言"[①]。

其二，在趋近死亡的意象中往往会产生忧郁。死亡意象的堆叠往往可以对人的内心造成极大的冲击，从而达到唤醒人对生命的感知的目的。人们在生机勃勃的世界往往会对生命的存在习以为常，从而渐渐丧失感知生命的能力，变得麻木

---

① 〔德〕瓦尔特·本雅明：《德意志悲苦剧的起源》，李双志、苏伟译，北京师范大学出版社，2013，第 320 页。

不仁，而当尸横遍野时，人才会对造物生命进行深入的思考。因此，本雅明引入了病态的忧郁概念，认为其是寓言散发出的气质，以达到唤醒人们的目的。在关于波德莱尔的论述中，本雅明提到，波德莱尔之所以是个伟大的寓言诗人，是因为他的忧郁症，波德莱尔在作品中尽力留下了病症带来的陶醉感和幻灭感，他从不畏惧也从不抗拒死亡，他直接从死亡中提取创作的养料，由此诞生了《恶之花》。当人们阅读他的作品时，感受到的是一种巨大的震惊，于是，对生命的感知能力在尸体中被唤醒了。

实际上，图像不仅是寓言的核心，更是资本主义社会的本质。在由碎片堆积而成的现代废墟中，人沉溺在商品拜物教的虚假繁荣之中，丧失了太多感性维度上的能力，变得病态、麻木却不自知。寓言是本雅明建构的看待现代社会的新视角，也是对现代社会加以救赎的手段。

三 以图像为核心的寓言救赎

在世界世俗化的进程中，人类感知能力、记忆能力逐渐退化，历史也走向堕落。作为马克思主义者的本雅明，建构起适应现代社会的寓言理论，力图以寓言作为通向救赎的桥梁，对现世进行拯救，其中重要的手段就是图像的直接展示。图像在记忆中表现为场景的直接再现，表现为"新天使"的形象。

（一）唤醒非意愿记忆

在《德意志悲苦剧的起源》中，救赎的旋律从未中断。本雅明希望通过寓言将记忆从遗忘中拯救出来。

在《单向街》《柏林纪事》等作品里，本雅明向世人展示的是他记忆中的一幅幅风景图像，由图像、场景构成的空间成了直通时间的入口。一个很好的例子是在《漫步者归来》中，本雅明追随柏林漫步者黑赛尔的足迹以眼睛记录城市，以城市记录过去。本雅明在普鲁斯特的写作中汲取灵感。普鲁斯特用 80 页的篇幅论述了一种名叫玛德兰的蛋糕浸泡在茶里时所想起的旧日时光。本雅明说："普鲁斯特呈现给我们的不是无边的时间，而是繁复交错的时间。他真正的兴趣在时间流逝的真实的形式，即空间化形式。这种时间流逝内在地表现为回忆，外在地表现为生命的衰老。"[1]

---

[1] 〔德〕汉娜·阿伦特编《启迪：本雅明文选》，张旭东、王斑译，生活·读书·新知三联书店，2012，第226页。

从生命中直接揭示出来的这种记忆，本雅明称它为非意愿记忆（memoire involon-tairc）。

非意愿记忆并不是凭空产生的，它来源于柏格森的"意愿记忆"。柏格森认为，纯粹的回忆可以在意愿活动中重新获得。但在本雅明那里，可以通过人主动回忆的记忆是需要被筛除的，只有自觉出现的无意识的记忆才可以突破人主动回忆的事物占据空间的桎梏。那么如何重新唤醒非意愿记忆呢？本雅明从普鲁斯特的经验里直接寻求到了答案："普鲁斯特的方法是展现，而不是反思。"① 当记忆被图像化时，往日时光一一展现在眼前，回忆就成了蒙太奇手法下的剪辑素材。本雅明试图用文字来进行绘画，毫无章法的破碎段落如同一幅幅破碎而独立的图像。

在丧失对事物的体验能力的资本主义社会，对一个事物的表征极为少见。本雅明在电影这种艺术形式里寻找到了希望。他发现了人们在电影面前所表现出的巨大震惊和痴迷。于是，他将文本当成电影镜头，以非叙事的手法将回忆的画面拼接起来，使得事物本身自动浮现，而不是通过人来主动回忆。此时此刻，过去的时光通过非意愿记忆的形式重现在人们面前。资本主义物化下不完整的人，才可以在破碎的时间中解读出最大存在的记忆，从而被闪现的图像唤醒感知能力。

（二）弥赛亚救赎

弥赛亚（Messiah）救赎是"救世主"之意，是本雅明思想中极为重要的维度。当现世的一切让本雅明无法看到获救的可能时，他把希望寄托在神学上。几乎在本雅明所有的作品里，或多或少都存在着弥赛亚的痕迹。弥赛亚只存在于过去的时光里，本雅明所想做的就是让这些被遗忘的事物在当下重新焕发生机，从而作为连接弥赛亚的纽带。

首先，这种观点体现在本雅明对历史进步论的批判之上。在对保罗·克利的画作《新天使》（Angelus Novus）进行阐释时，本雅明是这样抒发自己的观点的："一个天使看上去正要从他入神地注视的事物旁离去。他凝视着前方，他的嘴微张，他的翅膀张开了。人们就是这样描绘历史天使的。他的脸朝着过去。在我们认为是一连串事件的地方，他看到的是一场单一的灾难。这场灾难堆积着尸骸，

---

① 〔德〕汉娜·阿伦特编《启迪：本雅明文选》，张旭东、王斑译，生活·读书·新知三联书店，2012，第 227 页。

将它们抛弃在他的面前。天使想停下来唤醒死者，把破碎的世界修补完整。可是从天堂吹来了一阵风暴，它猛烈吹击着天使的翅膀，以至于他再也无法把它们收拢。"[1] 在科学和理性的作用下，人们盲目乐观，相信自己可以改造世界、掌控自然。于是，人对进步的趋势深信不疑，从而轻视了眼前正在进行的每一个瞬间。在这样的观念下，本雅明对此进行了深刻的反思，他彻底否定了历史是连续向前发展的观点。他认为，历史的天使是"背对未来"的，是静止的、断裂的，目的是将人们从历史进步论的幻象中唤醒。

其次，本雅明深入地指出了文明的虚伪之处。本雅明在《历史哲学论纲》中提出，历史光辉一面的书写只是胜利者野蛮和暴力的产物。"没有一座文明的丰碑不同时也是一份野蛮暴力的实录。正如文明的记载没有摆脱野蛮，它由一个主人到另一个主人的流传方式也被暴力破坏了。"[2] 文明史实际上是野蛮的历史，而历史唯物主义者必须与这样野蛮的历史保持格格不入的关系。在法西斯对世界的迫害下，过去的遗存被涤荡一空，取而代之的是胜利者对历史的重新书写，被记录下来的成段的历史、被告知的未来蓝图都充满了谎言。本雅明深深地感到文明的虚伪性，唯有经历过的每时每刻值得信任。本雅明把寻找历史的真实的愿望寄托在弥赛亚身上，弥赛亚只在已经流逝的时光和正在经历的时光中给人以启示，于是，经历中的每一个瞬间都被突出了，当下的现时和已经流逝的"现时"同等重要，文明的虚伪就再也无法被胜利者输入每一秒的真实时间里。在对历史主义的进步论和文明的野蛮的批判之上，本雅明将弥赛亚的力量融入历史唯物主义之中，试图从神学层面找到救赎的可能性，从精神上彻底救度人类。

结　语

本雅明的寓言思想将现代社会上层建筑的碎片实质表露无遗，也精准地以寓言描绘出资本主义发展的现状，而弥赛亚救赎是本雅明为重建世界完整性开出的药方。图像在本雅明寓言理论中如此重要，不仅从它建构开始，而且到最终的救赎实践，都占据了重要的地位。当今社会步入读图时代，在信息的大量冲击下，如何保持自身对事物的感知能力无疑是一个重要的课题。本雅明的寓言思想无疑为此提供了一个有价值的参考。

---

① 〔德〕汉娜·阿伦特编《启迪：本雅明文选》，张旭东、王斑译，生活·读书·新知三联书店，2012，第270页。
② 〔德〕汉娜·阿伦特编《启迪：本雅明文选》，张旭东、王斑译，生活·读书·新知三联书店，2012，第269页。

《燕赵文化研究》第 2 辑
第 84~92 页

浅析欧阳修论说体

张寒涛*

摘　要：欧阳修是北宋诗文大家，著述颇丰，尤以墓表著名，他的论说文同样也不可小觑。欧阳修的论说文根据文体类型可分为论、解、或问、辩、序五类，根据内容可分为经论、史论和政论三类。欧阳修论说文内容丰赡、主题鲜明、尚实致用，具有极强的现实针对性和实用性。欧阳修的文学思想贯穿其论说文创作之中，使其论说文同样具有审美特征，充满艺术性。欧阳修的论说文做到了实用性与审美性的统一，对后世论说文写作产生了深远的影响。

关键词：欧阳修　论说文　分类　实用性　文学性

欧阳修的论说文具有实用性与文学性统一的特点。欧阳修恪守自己"明道致用"的文学主张，敢于直言进谏，他的论说文往往针对时事政治、国事民生提出自己的意见，具有极强的现实针对性和实用性。同时，在欧阳修为文崇尚"简而有法""平易畅达"的观念影响下，其论说文又表现出言简意深、感情浑厚、平易畅达的艺术特征。研究欧阳修的论说文不仅有利于我们认识论说文体，指导我们进行论说文写作，更有利于我们全面、深入地认识欧阳修的文学思想及其散文创作实践。

一　欧阳修论说文的分类

刘勰云："原夫论之为体，所以辨正然否，穷于有数，究于无形，钻坚求通，

---

* 作者简介：张寒涛，河北大学文学院中国古代文学专业在读硕士研究生，主要研究方向为唐宋文学。

钩深取极，乃百虑之筌蹄，万事之权衡也。"① 由此可知，论说文是用来发表议论、陈述事理、明辨是非的文章。按照"论也者，弥纶群言，而精研一理者也"② 的标准，刘勰把论分成议、说、传、注、赞、评、序、引八类。"八名区分，一揆宗论。"③ 我们姑且以此标准对欧阳修的论说文进行分类，以明确研究对象。根据洪本健教授在《欧阳修诗文集校笺》中的整理，欧阳修共有论说文 103 篇，其中：论 25 篇、经旨 22 篇、辩 3 篇、序 49 篇、传 2 篇、颂 1 篇、赞 1 篇。④ 这些论说文是欧阳修散文创作的一部分，集中体现了他的政治思想与文学思想，是本文研究的对象。当然在欧阳修的书信与策问当中也有大量的论说文，但因其体量大、数量多，且并未标明为论说文，不易查找，加之这 103 篇论说文已经足够观照欧阳修论说文的特点，因此不对其书信与策问中的论说文进行研究。另外需要说明的是，"经旨"是欧阳修对经义的阐发，主要以"问"或者"解"的文体展开论述，而且"经旨"是从论说文内容的角度进行的分类，与论、辩、序等从文体角度进行分类不同，有必要对其进行统一，同时由于传、颂、赞的篇数较少，而且论说特征较弱，因此本文研究的重点将放在论、解、或问、辩、序这五类论说文上。

论，围绕某个论点，展开议论，最后申明自己的主张。欧阳修以"论"名篇，著名的有《朋党论》《纵囚论》《本论》《正统论》等。兹举《朋党论》以见"论"之为体。在《朋党论》⑤ 中，欧阳修开宗明义："臣闻朋党之说，自古有之，惟幸人君辨其君子小人而已。"他并未急于否认自己结交朋党，而是提出朋党有小人、君子的差别。文中阐述了君子之朋与小人之朋的本质区别，"小人所好者利禄也"，"君子所守者道义也"，划清了君子之朋与小人之朋的界限。规劝人君"但当退小人之伪朋，用君子之真朋，则天下治矣"，接着征引史实，从正反两个方面说明了国家兴亡治乱与朋党的关系。最后以"夫兴亡治乱之迹，为人君者可以鉴矣"力谏仁宗，明辨是非。这篇文章说理透彻，逻辑严密，并未纠结于"有无朋党"的原始问题，而是另辟蹊径提出"君子之朋"与"小人之朋"的对立概念，既有力地回击了政敌，又借此申明自己乃是"君子之朋"，一心为国。为文高明，可谓一举两得，是论说文中不可多得的佳作。

---

① （南朝梁）刘勰著《文心雕龙义证》，詹锳义证，上海古籍出版社，1989，第 696 页。
② （南朝梁）刘勰著《文心雕龙义证》，詹锳义证，上海古籍出版社，1989，第 674 页。
③ （南朝梁）刘勰著《文心雕龙义证》，詹锳义证，上海古籍出版社，1989，第 673 页。
④ （宋）欧阳修著《欧阳修诗文集校笺》，洪本健校笺，上海古籍出版社，2009，第 1 页。
⑤ （宋）欧阳修著《欧阳修诗文集校笺》，洪本健校笺，上海古籍出版社，2009，第 520 页。

　　解，是对事物义理的阐释说明，主要是解释、说明性文字。欧阳修主要以此种文体来阐释经义。如在《定风雅颂解》①中，欧阳修阐明了风、雅、颂的分类依据。"古诗之作，有天下焉，有一国焉，有神明焉。观天下而成者，人不得而私也；体一国而成者，众不得而违也；会神明而成者，物不得而欺也。不私焉，雅著矣；不违焉，风一矣；不欺焉，颂明矣。"根据内容与作用，将风、雅、颂进行分类：雅，为天下而作；风，为一国而作；颂，为神明而作。大抵继承了前人关于风、雅、颂分类的说法。在《鲁颂解》②中，欧阳修解释了鲁颂的定名原因，首先提出："非颂也，不得已而名之也。"下文则详细解释了"不得已名之"的原因。诸如此类，尚有《十五国次解》《十月之交解》多篇。

　　或问，是欧阳修用来阐明经义的另一种文体，它以问答的形式对某个论题进行论辩，借此阐明道理，又称"对问答体"。欧阳修的"对问答体"文章只有《春秋或问》《易或问》《三年无改问》三篇，均以"或问"二字开篇，提出问题，下文则通过问答论辩对这一问题进行解释。《春秋或问》③中解释了"春秋何为始于隐公而终于获麟"的问题。《三年无改问》《易或问》均解释了《论语》与《易经》中的问题。

　　辩，针对一个问题展开辩论，进而提出自己的看法。欧阳修有《正统辩》《怪竹辩》《辩左氏》三篇。在《怪竹辩》④中，欧阳修由怪竹引发出竹子有知，抑或无知的问题，全文紧紧围绕这一问题展开辩论。文章由竹引申到人与万物的有知、无知。最后得出"故圣人治其可知者，置其不可知者，是之谓大中之道"的结论。在《辩左氏》⑤一文中，欧阳修对左丘明记载柯陵之会中单子的言语"观其容，知其心"产生异议，由此展开辩论，他认为"观其容，虽圣人不能知人之心，知其必祸福也"，最终提出自己的见解："夫君子之修身也，内正其心，外正其容而已。若曰因容以知心，遂又知其祸败，则其可乎？"以反问句结尾，申明自己的观点，同时引起读者的思考。

　　序，也叫"叙"或者"引"，是说明书籍著述的创作意图、编次体例和写作情况等内容的文章，同时也应包括对作家作品的评论和对其中相关问题的阐述。欧阳修一生创作了大量"序"文。有的序文言事抒情，感情真挚，优美动人，有的

---

① （宋）欧阳修著《欧阳修诗文集校笺》，洪本健校笺，上海古籍出版社，2009，第 1607 页。
② （宋）欧阳修著《欧阳修诗文集校笺》，洪本健校笺，上海古籍出版社，2009，第 1609 页。
③ （宋）欧阳修著《欧阳修诗文集校笺》，洪本健校笺，上海古籍出版社，2009，第 556 页。
④ （宋）欧阳修著《欧阳修诗文集校笺》，洪本健校笺，上海古籍出版社，2009，第 565 页。
⑤ （宋）欧阳修著《欧阳修诗文集校笺》，洪本健校笺，上海古籍出版社，2009，第 1588 页。

则借序文表达了他的文学思想与政治思想，论说透彻，析理严密。在《梅圣俞诗集序》① 中，欧阳修结合梅尧臣生平遭遇与创作实践，提出了"诗穷而后工"的文学主张。在《五代史·伶官传序》② 中，欧阳修借后唐庄宗宠幸伶官，反受其祸的历史事件，提出"忧劳可以兴国，逸豫可以亡身"的政治主张，勉励统治者勤勉治国。序文前半部分叙事，后半部分议论，抓住了庄宗兴亡交替的前后对比，对庄宗的成败进行了深刻的剖析，反复论证，令人信服。茅坤称赞此文："此等文章，千古绝调。"③

二 欧阳修论说文的实用性

欧阳修生于真宗景德四年（1007），卒于神宗熙宁五年（1072），历经四朝，此时北宋正处于由盛转衰的时期，正值多事之秋，"顾内则不能无以社稷为忧，外则不能无惧于夷狄，天下之财力日以困穷，而风俗日以衰坏"④。内外形势严峻，加之北宋宽松的思想文化政策，一些有识之士，纷纷指摘时事，建言献策。在这样的历史背景下，欧阳修提出"明道致用""为文中于时病而不为空言"的文学主张。这既是对韩柳中唐古文运动的继承，也是顺应历史潮流的举措。

在其文学思想的影响下，欧阳修的论说文具有现实针对性。欧阳修的文学思想虽然承接韩柳二人而来，但也有一些自己的发展。他虽然同样强调"明古道，师古经"，但他的侧重点在于经世致用，而不是空谈大道。他认为："六经之所载，皆人事之切于世者。"⑤ 欧阳修的古道、古经与现实生活关系密切，与韩柳二人相比无疑更加贴近现实。同时他认为单纯"知古明道"是不够的，还要"履之以身，施之于事，而又见于文章而发之，以信后世"⑥。这就把道与文的内容与现实社会联系到一起了，强调文章要有实践意义、现实价值。欧阳修与人论文更加强调关心世事，在《答吴充秀才书》中他说："盖文之为言，难工而可嘉，易悦而自足。世之学者往往溺之，一有工焉，则曰'吾学足矣'甚者至弃百事不关心，曰'吾

① （宋）欧阳修著《欧阳修诗文集校笺》，洪本健校笺，上海古籍出版社，2009，第1092页。
② （宋）欧阳修：《新五代史》，中华书局，1974，第396页。
③ （明）茅坤：《唐宋八大家文钞》，上海古籍出版社，1993，第77页。
④ （宋）王安石：《上仁宗皇帝言事书》，见光绪听香馆刻本《王临川全集》卷三九。
⑤ （宋）欧阳修著《欧阳修诗文集校笺》，洪本健校笺，上海古籍出版社，2009，第1167页。
⑥ （宋）欧阳修著《欧阳修诗文集校笺》，洪本健校笺，上海古籍出版社，2009，第1759页。

文士也，职于文而已。'此其所以至之鲜也。"① 提倡为文"功夫在文外"反对"勤一世以尽心力于文字间"，要求文人应该注意社会实践，在与社会充分接触后，进行有的放矢的写作。欧阳修在《与黄校书论文书》中明确提出文学必须反映现实，针砭时弊，发挥相应的社会作用。"见其弊而识其所以革之者，才识兼通，然后其文博辩而深切，中于时病而不为空言。盖见其弊，必见其所以弊之因。"② 在这种思想的指导下，欧阳修论说文的现实针对性之强，可想而知。

前文从文体的角度对欧阳修的论说文进行了分类，如果根据内容对欧阳修的论说文进行分类，则可以更好地认识欧阳修论说文具有现实针对性这一特点。根据内容可以将欧阳修的论说文分为三类：政论文，对时事政治、国家大事，发表议论，提出看法，如《原弊》《兵储》《朋党论》等篇；史论文，结合历史事件，对历史交替、天下兴衰、君王治乱进行总结，提出自己的意见，借以知古鉴今，以史为鉴，如《纵囚论》《五代史·伶官传序》《五代史·宦者传论》等篇；经论文，发明经旨，对儒家经典的精言要义进行阐述，如《易或问》《诗解》等篇。其中以政论文、史论文为多，而经论文较少，从三者篇数的对比也可以看出欧阳修恪守"明道致用"的儒家思想，为文谨持"不为空言而期于有用"的文学思想。

欧阳修的政论文、史论文与现实政治密切相关，其中所蕴含的治政理念与范仲淹的庆历新政多有一致，甚至不少作品就是他参加政治斗争的工具。《朋党论》写于 1043 年，是欧阳修对政敌污蔑的反击，此篇前文多有涉及，不再赘述。他的《原弊》《兵储》《塞垣》三篇政论文，也是针对时弊，有为而发。在《原弊》篇中，针对宋朝财用不足的现实问题，首先寻找原因，"昔者知务农又知节用，今以不勤之农赡无节之用故也。非徒不勤农，又为众弊以耗之，非徒不量民力以为节，又直不量天力之所任也"③，下文详细解释了形成这种情况的原因，最后提出了自己的办法——"为计者莫若就民而为之制"，根据农民的实际情况制定相关的政策制度，量民力而行，最终达到"要在下者尽力而无耗，上者量民而用有节，则民与国庶几乎俱富矣"的理想状态。在《五代史·宦者传论》中，欧阳修借唐昭宗被宦官所害的史事，警告后世君王，警惕宦官的祸害。文章开始就揭示了宦官对国家政权的危害，将其与女色对比，认为宦者为害深于女祸，"自古宦者乱人之

---

① （宋）欧阳修著《欧阳修诗文集校笺》，洪本健校笺，上海古籍出版社，2009，第 1176 页。
② （宋）欧阳修著《欧阳修诗文集校笺》，洪本健校笺，上海古籍出版社，2009，第 1784 页。
③ （宋）欧阳修著《欧阳修诗文集校笺》，洪本健校笺，上海古籍出版社，2009，第 1568 页。

国，其源深于女祸"①。接着以细致深入的分析，说明了宦官为害的形成和发展过程，最后再次对比宦官之祸与女色之祸，指出宦官之祸性质与女色之祸完全不同，照应开头"其源深于女祸"。读至此，君王安可不戒？

欧阳修论说文不仅具有极强的现实针对性，而且具有实用性。欧论结构严谨，推理严密，说理透彻，既有理性分析，又有感情流露，极易打动读者。欧阳修是朝廷要员，身处高位，受到皇帝的器重，因此其论说文中的主张，也能够得到实施，有所作用。明代唐龙称赞："有宋启运，公以名世之德，奋庸翼戴，布圣贤之轨，诵六经之言，每自谓曰'空言无用，修不暇也。'其意深矣。是故为文经纬仁义，参伍典坟，抑扬风雅，言则可行，行则致用，用则利博。"② 这与欧阳修"履之以身，施之于事"的主张是一致的。

三　欧阳修论说文的文学性

欧阳修在重视论说文实用性的同时强调论说文的文学性。欧阳修主张"事信言文，文道并重"，即"言以载事，而文以饰言。事信言文，乃能表见于后世"③，要求文章要实事求是，要有审美特征，文质彬彬。雷恩海先生在《论说之体制暨文学性释证》一文中指出："论说文之文学性主要体现在结构篇章、经营步骤的形式审美，论事叙理的思维之严密性与一致性，形成文势与境界；要约明畅、颇具形象感的论事说理之方式；以及心与理合、辞共心密、以情感人的语言文辞。"④基于这一理论，本文拟从三个方面谈欧阳修论说文的文学性。

首先，结构篇章。欧阳修论说文的文学性体现为简明而有法度。在论说文中，欧阳修精心布局篇章，力避抽象枯燥的说教，寓严密的逻辑说理于艺术形式当中。欧阳修为文讲究"简而有法"，主张"妙论精言不以多为贵"，他的论说文大都篇幅不长，大约在三百到五百字之间，短小精悍，析理透彻，说服力强。欧阳修为文不仅善于锤炼字句，剪裁材料，更精于谋篇布局。欧阳修的论说文结构主要有对比、并列、递进三种方式。如《五代史·伶官传序》采用对比式布局，通过后唐庄宗前后时期的兴亡对比，提出自己的主张"忧劳可以兴国，逸豫可以亡身"，

---

① （宋）欧阳修著《欧阳修诗文集校笺》，洪本健校笺，上海古籍出版社，2009，第402页。
② （明）唐龙：《渔石集》，中华书局，1985，第87页。
③ （宋）欧阳修著《欧阳修诗文集校笺》，洪本健校笺，上海古籍出版社，2009，第1777页。
④ 雷恩海：《论说之体制暨文学性释证》，《兰州大学学报》2017年第6期，第93页。

点明"祸患常积于忽微，而智勇多困于所溺"的道理。《原弊》篇则采用并列的布局方式，在提出"昔者用常有余，而今常不足，何也"的问题之后，分五段分别解释"诱民之弊"、"兼并之弊"、"力役之弊"、"不量民力以为节"和"不量天力之所任"① 的缘由，追根溯源，将一个关乎国家日用不足的重大问题清清楚楚地摆在读者的面前，之后提出的解决办法自然令人信服。《纵囚论》采用递进式的结构方式，针对唐太宗纵囚这一传闻展开论述，从情理上论证了它的荒谬之处，曲尽人情，步步深入，最后提出自己治理天下的主张："必本于人情，不立异以为高，不逆情以干誉。"② 形式是为内容服务的，好的结构方式有利于文章的表达，欧阳修结合论说文内容，选择恰当的结构方式，不仅使文章论事说理更加透彻，同时使文章也具有了形式美。

其次，情与理合。欧阳修论说文的文学性体现为感情充沛。优秀的文章总是饱含深情的，论说文也不例外，朱光潜先生认为："说理文如果要写的好，也还是要动一点情感……说理文的目的在于说服，如果能做到感动，那就会更有效地达到说服的效果。作者如果自己没有感动，就绝对不能使读者感动。"③ 诚为知言之论。欧阳修总是以饱满的热情关注现实生活，这种热情诉诸笔端，其文章必然满含深情，感人至深。前文举《朋党论》《五代史·宦者传论》诸篇，"夫兴亡治乱之迹，为人君者可以鉴矣"，"谓此也，可不戒哉"字里行间无不饱含着欧阳修忠君爱国的拳拳之忱。《原弊》《兵储》《塞垣》诸篇，深蓄着欧阳修对国家现状的忡忡忧心。另外欧阳修为友人作的"序"文，更加真挚动人。如《释秘演诗集序》作于庆历二年（1042），此年三月，欧阳修谏阻宰相吕夷简派遣富弼出使契丹，五月，上书言改革弊政。在两事均受到冷遇之后，愤而请求外放，出任滑州通判，到任后两个月，即写下此文。欧阳修此序一反常规，别出心裁，并未谈及秘演的创作特色，师承源流，而是在其中大谈自己对国家和社会的看法，谈石曼卿的抱负和为人处世风格，谈秘演的困顿遭遇。"因道其盛时以悲其衰"，以盛衰生死之感生情，其情必然刻骨铭心。在《送杨寘序》中，欧阳修大篇幅描写自己学琴、爱琴的经历以及琴声对自己性情的陶冶，最后才为友人送行。表面写"琴"，实则无一处不在为友人送行，无一字不在劝勉友人随遇而安，规劝友人借弹琴以抒发胸中悲愤，处处透露着作者对友人的真挚情谊。欧阳修的论说文，感情深挚，真

---

① （宋）欧阳修著《欧阳修诗文集校笺》，洪本健校笺，上海古籍出版社，2009，第 1568 页。
② （宋）欧阳修著《欧阳修诗文集校笺》，洪本健校笺，上海古籍出版社，2009，第 562 页。
③ 朱光潜：《朱光潜美学文学论文选集》，湖南人民出版社，1980，第 398 页。

正做到了晓之以理，动之以情，做到了析理与抒情的统一，做到了心与理合，辞共心密。

最后，文势与境界。欧阳修论说文的文学性体现为具有温润平和、舒缓自然、平易畅达的独特风格。元代刘壎称赞其文风："欧公文体温润和平，虽无豪健劲削之气，而于人情物理，深婉至到，其味悠然以长，则非他人所能及也。"① 欧阳修推崇儒家中和与温柔敦厚的审美观，追求内涵丰富、刚柔相济的含蓄美，发而为文就表现出平淡中和的风格。欧阳修的论说文不同于苏轼的汪洋恣肆，而是淡泊朴素，平淡中蕴含真意，朱熹说欧文："虽平淡，其中自有美丽，有好处，有不可及处，却不是阘茸无意思。""欧文如宾主相见，平心定气，说好话相似。"② 这与欧阳修写作论说文时心境平和有关，"其语愈缓，其意愈切，诗人之义也"③。语缓意切，缓则深沉理性，在从容不迫中步步推进，娓娓道来，文章跌宕起伏，转折变化，即"欧文如澜"之意也。形成舒缓自然风格的另一个要素是欧阳修论说文语言的平易畅达，欧阳修为文心态从容，情志深厚，话语表层也不作张扬的姿态，不追求文字的华美，而是选用简洁流畅、平易畅达的语言来表达自己的思想。金人赵秉文盛赞："亡宋百年间，惟欧阳公之文不为尖新艰险之语，而有从容闲雅之态。"④ 关于欧阳修的文风，苏洵曰："纡余委备，往复百折，而条达疏畅，无所间断，气尽语极，急言竭论，而容与闲易，无艰难劳苦之态。"⑤ 前文列举诸篇，无不具有此种文风。不仅论说文，翻开欧集，无一篇文章不是此种风格。苏洵之言，堪称精审。

结　论

欧阳修的创作以散文成就为最高，在散文史上具有振衰救弊的意义。论说文是其散文创作的一体，欧阳修于此也倾注了大量心力。欧阳修并不是纯粹的文人，他具有文坛领袖和政府高官的双重身份，由此他提出了"事信言文"的文学主张，在这一思想的指导下，他创作了大量实用性与艺术性兼善的论说文。"事信"要求文章关注现实，关心世事，有为而发。他的政论文以国事民生为主，紧扣当前形

---

① （元）刘壎：《隐居通义》卷十三，丛书集成初编本，第 141 页。
② （宋）朱熹：《朱子语类》，中华书局，1986，第 3312 页。
③ （宋）欧阳修著《欧阳修诗文集校笺》，洪本健校笺，上海古籍出版社，2009，第 1916 页。
④ （金）赵秉文：《滏水集》竹溪先生文集引，《四库全书》本。
⑤ （宋）苏洵著《嘉祐集笺注》，曾枣庄笺注，上海古籍出版社，1993，第 334 页。

势，剖析时弊，直击要害，切于实用。他的史论文通过评论历史，总结经验，以古鉴今。"言文"要求文章具有辞采之美。欧阳修的论说文在章法上具有摇曳跌宕之美，在情感上具有含蓄深沉之美，在风格上具有温润平和之美，在语言上具有平易晓畅之美，此四美共同构成了欧阳修论说文所具有的"六一风神"。实用性与文学性的统一，使欧阳修的论说文具有了独特的魅力。"言之无文，行之不远"，正是这种独特的魅力，使欧阳修的论说文备受后世文人赞赏与推崇，在后世产生了深远的影响，成就了欧阳修的古文大家地位。

《燕赵文化研究》第 2 辑
第 93~102 页

鲁迅小说《离婚》的悲喜剧

刘玉凯[*]

摘　要：《离婚》是鲁迅以现实主义为题材写的最后一篇小说，比起另一篇小说《祝福》有特别的悲剧效果。关于《离婚》的研究，历来有两个极端，或将爱姑说得过高，称之为"辛亥革命的女儿"，或者称鲁迅对爱姑的落后思想进行了批判。这两种说法均未见到鲁迅写出的是活生生的人物，也忽视了鲁迅的写作重点在于揭示社会的压迫如何毁灭人性。本文意在发现爱姑的存在的生活逻辑与社会的荒谬性。

关键词：鲁迅小说　《离婚》　女性

一　理解《离婚》的两个极端

《离婚》创作于 1925 年 11 月 6 日，刊于 11 月 23 日的《语丝》周刊第 54 期上，后来收入鲁迅小说集《彷徨》。这是鲁迅以现实为题材的小说中写得最晚的一篇，也是鲁迅自己比较满意的作品。鲁迅《〈中国新文学大系〉小说二集序》论《彷徨》时自评说："技术虽然比先前好一些，思路也似乎较无拘束，而战斗的意气却冷得不少"，"以后虽然脱离了外国作家的影响，技巧稍为圆熟，刻画也稍加深切，如《肥皂》、《离婚》等，但一面也减少了热情，不为读者们所注意了。"[①] 先生只是想比较客观地说明《呐喊》与《彷徨》的思想意义和创作追求有所不同，我们切不可理解为这一本小说的艺术价值就低于《呐喊》。事实上，两篇写女性的小说《祝福》

＊　作者简介：刘玉凯，河北大学教授，博士生导师，主要从事中国现代文学、民俗学研究。

① 鲁迅：《且介亭杂文二集·〈中国新文学大系〉小说二集序》，见《鲁迅全集》第 6 卷，人民文学出版社，2005，第 247 页。

《离婚》都是"表现深切"的。鲁迅强调《离婚》，应该是有特别意义的。

对于《离婚》的研究多年来已经有很多文章，一般认为"《离婚》比较难读"①。大多是把爱姑放在礼教与道德的天平上称量一下，来个僵化的一分为二鉴定，看看优点缺点各有多重。总其观点无非两种。一是直接肯定爱姑的反抗精神，说爱姑是"辛亥革命的女儿""是一位具有现代自我意识的妇女"，爱姑的斗争"是为了争取自己做人的权利"，②认为"作品主要表现初步觉醒的民主力量与封建统治阶级斗争"③。据秦林芳《重读鲁迅〈离婚〉》（1994）介绍，1941 年延安署名须旅的《辛亥的女儿——一九二五年的〈离婚〉》是最早的研究专论，奠定了爱姑"反封建"形象的基础，也引导了此后多年占据主流地位的社会政治阐释，即以阶级分析论，从正面将作品解读为萌芽中的民主主义与地主阶级封建势力的冲突，爱姑作为具有觉醒或反抗意识的"辛亥的女儿"，寄托着鲁迅的肯定与同情。而"她的失败，说明旧民主主义革命的历史局限，反封建革命须由新的阶级和新的革命来完成"④。另一种观点是 20 世纪 80 年代以后，以王富仁的启蒙主义视角为代表，从鲁迅的立人思想和国民性批判出发对该作品进行解读，强调爱姑作为"老中国的儿女"，鲁迅对其基本态度，与对阿 Q 一样，"哀其不幸而怒其不争"，根本上是作为奴性的标本而否定的。蓝棣之先生 1987 年的《论鲁迅小说创作的无意识趋向》⑤，从私人生活体验出发，解读鲁迅对"离婚"的态度，认为他对爱姑"有些厌恶"，认为她虽有反抗，但是不但不反封建，相反是强化对礼教的归顺。⑥总而言之，一是肯定爱姑的反抗性，但是评价过高；一是批判爱姑的反抗，说她不管怎么反抗，至多也就是"想做奴隶而不可得"的怨恨。至于她反抗的成果，胜利与失败都没有意义。这显然是将鲁迅对中国社会的分析强加到了对人物的分析上。须知，这样做是不对的。艺术是写活的人物形象，不是给人生、人性下结论。

二　爱姑的合法斗争

为了解开小说创作的秘密，我们可以先看鲁迅小说的思想性，就是看一看，

---

① 吴组缃：《说〈离婚〉》，《中国现代文学研究丛刊》1985 年第 1 期。
② 须旅：《辛亥的女儿》，见《鲁迅研究丛刊》第 1 期，鲁迅文化出版社，1941 年 1 月初版。
③ 秦林芳：《重读鲁迅〈离婚〉》，《中国现代文学研究丛刊》1994 年第 4 期。
④ 吴组缃：《说〈离婚〉》，《中国现代文学研究丛刊》1985 年第 1 期。
⑤ 蓝棣之：《论鲁迅小说创作的无意识趋向》，《鲁迅研究动态》1987 年第 8 期。
⑥ 罗华：《伦理困境与欲望叙事》，《鲁迅研究月刊》2006 年第 12 期。

鲁迅想交给我们怎么样的一个形象，告诉我们什么思想。具体说爱姑形象塑造到底有怎样的思想意义与典型意义。

我想先肯定爱姑形象是鲁迅同情的，甚至可以说是喜爱的，并不是存心批判的。鲁迅的这一篇小说题名为"离婚"，显然是有意用了旧时代极少用的一个新词，就是写辛亥革命后一个现代离婚事件。因为"离婚"在封建时代是不构成概念的。那时，丈夫对妻子如果不满意是可以随意给一个罪名休掉的，所谓"七出"就是准备好的礼法。只要丈夫休妻，妻是不能不走的，更没有妻子"休丈夫"的。女人被丈夫休了，一般是不能附加别的条件的。

爱姑是一个有别于祥林嫂的崭新形象，她不是下层妇女，是比较富有的人家的女儿，她已经不怕离婚，甚至有抗拒夫家、自己做主的意识。她的丈夫看上了一个小寡妇，就想休弃爱姑。这在过去是并不难的，按旧的礼教行事，一纸休书，把爱姑赶出家门就是了。但是，爱姑认为，丈夫和公公这样做就是不讲人情的"畜生"行为。于是大骂他们是"老畜生"和"小畜生"。实在是骂得好极了！这时的爱姑真有点"得理不让人"的劲头，她说：让我走，没那么容易。一来自己是"三茶六礼"明媒正娶的媳妇，不是被抢来的（如祥林嫂那种）。二来进门后"低头进、低头出，一礼不缺"。三来，因为入门后老畜生、小畜生一直欺凌她，那年的黄鼠狼咬死了那只大公鸡，并不是她没有关好鸡橱门，是"那只杀头癞皮狗偷吃糠拌饭，拱开了鸡橱门"。小畜生却不分青红皂白，就夹脸给爱姑一嘴巴。随便打人不是畜生是什么？另外，这几年自己给这个家也做出了贡献，她得说说这几年艰难持家的功劳。这"三茶六礼"，连爱姑也懂得。"三茶六礼"指旧时正式结婚的全礼仪，经过了"三茶六礼"，意为明媒正娶。按我国旧时习俗，娶妻多用茶为聘礼，所以女子受聘称为"受茶"。"三茶礼"流行于江南汉族地区，通常是指订婚时的"下茶"、结婚时的"定茶"和同房时的"合茶"。其理取自民间相信茶树移植后不复生的性情，意味着人也"白头偕老"，不离不弃。明代陈耀文的《天中记》卷四十四说："凡种茶树必下子，移植则不复生，故俗聘妇必以茶为礼，义固有所取也。""六礼"，据《仪礼·士昏礼》（昏，今作婚），即纳采、问名、纳吉、纳征、请期、亲迎六种仪式。可见，这里还有点文化。

值得称赞的是，爱姑不但没有畏惧丈夫和公公，反而根本就不把他们当人看，直接骂他们是"老畜生"和"小畜生"，慰老爷站在畜生们一边，她也看不起那个自以为了不起的乡绅，"慰老爷她是不放在眼里的，见过两回，不过一个团头团脑的矮子；这种人本村里就很多，无非脸色比他紫黑些"。她本来是想见七大人的，但是也照样骂："七大人也好，八大人也好，我总要闹得他们家破人亡。"她甚至把自己的父亲也很不放在眼里，"看得赔贴的钱就有点头昏眼热了"。爱姑的抗争，不仅是口头敢骂，而且敢打。她也组织自己的亲属到夫家说理，甚至父亲庄木三带了六位儿子去老畜生家械斗，"拆平了他家的灶"。拆灶是一种带有污辱意义的反抗形式。更值得注意的是，爱姑并不以离婚为耻，也不因为被弃而怕别人看不起她，她甚至可以答应离婚，但是要从离婚中找回自己的经济补偿和精神补偿，要公开同对方讲一讲理。她要向有地位的人讨个公道，把自己的屈辱事说个明明白白。这是何等大胆而果敢。

通过以上的分析，我们认为鲁迅是用歌颂的笔墨写了爱姑形象的。我们有理由说，爱姑虽然不是革命的先驱者，但是不失为一个敢于向封建社会旧礼教挑战的下层妇女形象。

我们知道，旧式婚姻的成立依据"父母之命，媒妁之言"，而离婚却只有丈夫抛弃妻子，罪名有七条，即所谓"七出"。妇女如果在夫家有七件事之一出了错就可以被丈夫驱逐。据说中国自周朝以来就有"七出""三不去"之礼法，"七出"就是：无子、淫佚、不事舅姑、口舌、盗窃、嫉妒、恶疾。"七出"诸条中以淫佚最重。因为失贞是为社会所不能容忍的大错，是婚姻中最大的不忠诚，又恐乱宗。但是，古代的婚俗中也并不是没有妇女讲理的余地。在中国古代，妇女主动离婚改嫁的事也不少。《列女传》中就说："夫妇之道，有义则合，无义则去。"宋代理学家程颐甚至说过："今世俗以出妻为丑行，遂不敢为，古人不如此。"(《河南程氏遗书》卷十八) 东汉有"焦仲卿妻"刘兰芝被休后，媒人接连不断，甚至求聘的都比前夫门第高，人才也好，"先嫁得府吏，后嫁得郎君，否泰如天地，足以荣汝身"。唐宋期间，离婚改嫁、再娶之事多有，韩愈的女儿也是先嫁给父亲的门人李汉，后改嫁樊仲懿。清人钱泳说："宋以前不以改嫁为耻，宋以后则以改嫁为耻。"(《履园丛话》二三)

其实，细查起来，即使在封建社会，出嫁的女人也有"三不去"，似乎对女子权益具有保护意义，女子若有"三不去"的理由，夫家就不能离异休弃。第一，曾以公婆服丧，不出。父母死后守孝三年度过，在父母坟前，搭一个茅草屋，不能喝酒吃肉，不能生火做饭，只能吃冷食，披麻戴孝，而且不能有娱乐活动，妻子如果陪丈夫坚持下来了，丈夫是不能休的。第二，有所娶无所归，不出。因为娘家没人了，没地方可去，不出。第三，娶来时家贫后来家富贵了，因为有功，

"糟糠之妻不下堂"，也不出。到了清朝，法律也遵循"三不出"的规范。

小说名为"离婚"，表示这不同于封建社会的"休妻"。休妻，就是丈夫将自己不喜欢的女人赶出家门，而"离婚"就构成了一个"离婚案"，既然是案件，就有控辩双方。至少我们能够感觉到，书中的爱姑有了一点维权的意识。吴组缃说过：离婚是民国法律的概念，而这篇小说中的女主人公却找不到说理的地方，大家不是诉诸法律部门解决纠纷，而是两家动用乡绅进行仲裁。1930 年《民法·亲属编》出台以前，一直使用的是宣统三年颁布的《大清律例·亲属编》，到了民国时期，"离婚"的观念已经比较普遍地在民间使用。民国以来，法律上已经有新规定：女方也可以向男方正式提出离婚，离婚分协议离婚、呈诉离婚两种。前者指"夫妻不和谐、两方情愿离婚，女人可以改嫁"，被批准离婚的九个条件如下：① 重婚者，② 妻与人通奸，③ 夫因奸处刑，④ 被谋杀，⑤ 家暴，⑥ 妻虐夫及亲属，⑦ 受夫及亲属虐待侮辱，⑧ 一方恶意遗弃另一方，⑨ 一方生死不明达三年以上。这几条中我们注意到⑦与⑧，是有利于女方的，如果妻子并没有错处，而公婆加以虐待，妻也可以提出离婚。男方恶意遗弃女方，也可以离婚，而男方是应该受到惩罚的。也就是说财产的分配上可能会照顾到女方的利益。以上也只是从字面上而言。

一切法律对男子并无贞节要求，而且清代男人还可以纳妾，妻子不能因为丈夫纳妾、通奸请求离婚，也不许嫉妒，嫉妒是失德，可见法律是袒护男性的。爱姑在这方面不能接受："'小畜生'姘上了小寡妇，就不要我，事情有这么容易的？'老畜生'只知道帮儿子，也不要我。"这是问题的关键。风俗上说"法不悖情"，说明那些歧视女性的规范也是被社会承认的。所以爱姑找人说理，也得先申述自己"从我嫁过去，真是低头进，低头出，一礼不缺"，就是说按着"七出""三不去"的原则，自己也没有大错误。爱姑有这么大的胆子敢向"老畜生""小畜生"挑战，原来不仅仅因为她性格的泼辣、嘴不让人，还有法律的某些条文可以利用。倘若归于爱姑性格乖戾，等于承认她胡搅蛮缠，"无理搅三分"，其实她顶多算"得理不让人"。总而言之，爱姑的反抗从一开始就没有用精神胜利法。这不仅是由于其性格，也基于其社会地位。庄木三"老人家是高门大户都走得进的，脚步开阔，怕他们甚的"。

我们不必说爱姑抗争的幼稚，更不要批评她可笑。因为鲁迅一向认为奴隶的反抗是一种天然应该有的素质，即使是阿 Q，到了死亡临近时不是也"省悟"了而且大呼救命吗？鲁迅在《论"他妈的"》一文中说："'下等人'还未暴发之先，自然大抵有许多'他妈的'在嘴上，但一遇机会，偶窃一位，略识几字，便即文雅起来：雅号也有了；身分也高了；家谱也修了，还要寻一个始祖，不是名儒便是名臣。从此化为'上等人'，也如上等前辈一样，言行都很温文尔雅。然而愚民究竟也有聪明的，早已看穿了这鬼把戏，所以又有俗谚，说：'口上仁义礼智，心里男盗女娼！'他们是很明白的。于是他们反抗了，曰：'他妈的！'"① 这篇文章写于 1925 年 7 月 19 日，发表于 7 月 27 日的《语丝》周刊第 37 期上。也就是说在《离婚》写作前的 110 天，鲁迅在《论"他妈的"》中已经说出了一个并不难领会的人生道理：虽然是卑劣的反抗，也是可贵的。正如鲁迅说："假如出一个'学而时习之'的试题，叫遗少和车夫来做八股，那做法就决定不一样。自然，车夫的文章可以说是不通、是胡说，但这不通或胡说，就打破了遗少们的一统天下。"②

关于爱姑受到欺凌之后到处寻求说法的情节，笔者认为也应该做个客观解释。有人认为这是基于相信社会能够给自己公道的无用的辩护。我并不那么认为。小说就是小说，不是思想家的论文，小说的最大特点就是写活生生的人。既然是一个活人就要承认社会。依靠社会机器、道德公论来为自己辩诬，不能视为奴性。

鲁迅自己就是从旧社会过来的人，他不也曾经多次这样做了吗？比如在北洋军阀统治时期，常常出现政府部门欠薪，因而产生索薪的抗争，这是一种经济斗争。这种形式不能说从根本上改造旧社会，但是鲁迅也不反对这种合法的斗争。鲁迅曾经两次利用旧政权的法律诉讼，维护自己的权益。比如为了"免职"一案和顶头上司章士钊进行的法律较量，不但是必要的，而且取得了胜利：1925 年 3 月 12 日，孙中山在北京逝世，刘和珍、许广平等学生希望参加悼念活动，校长杨荫榆坚决反对，为此，该校学潮突起。8 月 17 日，司法总长兼教育总长的章士钊召集教育部部务会议，公然下令取缔北京女子师范大学，并且决定在原址将北京女子师范大学改组为国立北京女子大学，成立筹备处并自任处长，派出军警、雇用流氓多次闯入校园殴打学生，将学生押出学校。鲁迅是女师大兼职教授，他同情并支持女师大的学生运动，5 月 27 日，他与周作人、马裕藻、沈尹默、李泰棻、钱玄同、沈兼士等进步教授在《京报》发表宣言支持学生，并两次代学生草拟请愿书进行合法斗争。8 月 22 日，他向专管行政诉讼案件的平政

---

① 鲁迅：《坟·论"他妈的"》，见《鲁迅全集》第 1 卷，人民文学出版社，2005，第 247 页。
② 鲁迅：《准风月谈·前记》，见《鲁迅全集》第 5 卷，人民文学出版社，2005，第 199 页。

院递交了诉讼状，状告自己的顶头上司章士钊。鲁迅这样做依据了现行法律，理由充足。根据中华民国的《文官惩戒条例》《文官保障法》草案，鲁迅所任的金事一职，属于"荐任官"，如果要惩戒，须由主管上级备文申诉事由，经高等文官惩戒委员会审核讨论后才可实行。章士钊急于打击鲁迅，想在赶走鲁迅之后再补办这一手续，实际上他已经首先违法了。章士钊和鲁迅在有关答辩书和互辩书中针锋相对地争论，官司打了五个来月。1926 年 1 月 16 日，新任教育总长、国民党党员易培基兼任北京女子师范大学校长，他以此案是前任总长所办为由，取消了教育部对鲁迅的免职处分，让他暂代金事一职，在秘书处办公。1 月 18 日，鲁迅重新回到教育部上班。3 月 22 日，平政院开会做出裁决：鲁迅胜诉，章士钊及教育部"违法"。3 月 31 日，国务总理贾德耀签署了给教育部的训令，转述平政院"依法裁决教育部处分应予取消"的结论，命令教育部"查照执行"，于是，教育部正式恢复了鲁迅的职务。①

三　奴隶的命运揭示

说到爱姑的敢于抗争，我们会发现奴隶地位的卑怯。这是作家塑造形象的深层内涵，并不是对人物的责备。有几个问题要注意：第一，她反抗的初心是什么；第二，她的反抗手段是不是合理；第三，反抗能否达到预期效果。

有人在评价爱姑的时候，称她"拒绝离婚"，这是一种误读。爱姑自己说得很好，她明知道自己跟丈夫不可能再和好，也不幻想能够和好，于是就产生了这样的思考：世界不是我的了，我得不到，那就彻底破坏它；与这个婆家既然不可能和好了，那就大吵大闹，直想让他们"家破人亡"。这是非常狠的一招。

我们必须看懂"家破人亡"的含义。这里指的是具有象征意义的"拆灶"，即"毁家"。"拆灶"是旧时绍兴等地农村的　种风俗，来历应该很古老，象征灭火、毁家，意义相当于北方乡间的"砸锅"。当民间发生纠纷时，一方将对方的锅灶拆掉，认为这是给对方很大的侮辱。周作人在《鲁迅小说里的人物·拆灶》中说："拆灶"是一种械斗，"浩浩荡荡地直奔敌人家去，走到厨下。用大竹杠通入灶门，多人用力向上一抬，那灶便即坍坏，他们也就退去了"②。虽然谈不上有什么效果，但到底也是污辱。爱姑到处骂阵、群起拆灶，都不能挽回局面，但是也不能说没

① 赖晨：《鲁迅告状维权》，《志苑》2014 年第 2 期。
② 周作人：《鲁迅小说里的人物·拆灶》，上海出版公司，1954，第 200 页。

有意义。我们在曹禺的《原野》中见到的瞎老婆子天天在一个象征儿媳金子的小面人上扎钢针，我们也不能够理解为毫无意义，不然金子也不会以自己的生命为代价向她抗争。爱姑给他拆灶，显示一下厉害，总比不拆好。

最后一招就是找"明白人"说理，谁都知道，这是最不管用的一招，哪有官为民说话的事情。找官给自己说理，社会上的官一个比一个昏庸黑暗，都是没钱难见，也是官官相护。荀子早就写过《成相》："请成相：世之殃，愚暗愚暗堕贤良！人主无贤，如瞽无相，何伥伥！"找明白人讲理，也许是一条路，殊不知她认为最通情达理的人可能是最昏的人。慰老爷让他们"走散好"，而"同知县大老爷换过帖"的七大人还真是"不说人话"，似乎也用不着说话（旧时朋友相契，结为异姓兄弟，各人将姓名、生辰、籍贯、家世等项写在帖子上，彼此交换保存，称为"换帖"。帖子，相当于契约）。七大人以他自己的身份和地位，能和知县成为"把兄弟"，还能说什么人话呢？这一切，构成了一个带人就范的很大的背景，不能不对爱姑产生一种莫名其妙的精神压力，最终使她立刻降服了。

这让我们领会到了在某种程度上比祥林嫂的悲剧更强烈的震撼：在那个风雨如晦的沉沉黑暗中，奴隶是没有任何出路的。如祥林嫂俯首帖耳、尽心尽力地想做奴隶，做不成，甚至活不成，可是想死也死不安。不愿意做奴隶的人们，至少不想忍受欺凌的人们也身心受辱、付诉无门。这是一层悲哀。进一步说，奴隶们不知抗争，是苦难中的人；而感觉到了抗争，却不知道向谁抗争、为什么抗争、抗争之后应该得到什么，是更大的悲剧。试问，爱姑的反抗得到了什么呢？什么也没得到。因为老畜生、小畜生、慰老爷、七大人，就构成了一面无法冲破的封建主义高墙，无论如何也越不过去。爱姑的反抗所依据的理由与实施的手段都是奴隶的挣扎，算不上真正的自主反抗。这让我们想起了一些例子：鲁迅在《狂人日记》中借狂人之口向吃人的社会抗争，最后被当成了疯子；《长明灯》中的疯子疯疯傻傻，他就是要把庙里的长明灯打灭，被阻了，他就说，"我放火"，最后，他就被他的叔伯长辈锁在庙里的厢房之中，出不来；"三一八"事件中的学生们，不能挽救自己的生命，也没有改变社会。爱姑并没有被当成疯子，可是她却被大人老爷们的威势吓得魂飞魄散了。一个激情满满、不可一世的爱姑立即变成了温顺可爱的小猫。试想，作者是用多大的忍耐来表现这一个性格上大起大落的人物啊！他是多么不忍心把一个敢骂、敢打、敢说、敢道的女性写成一个顺从的小猫啊！

四　独特的艺术构思

现在来说说《离婚》的艺术构思与艺术风格。这是一篇具有讽刺意味的短篇小说。

全篇可以分"船上"与"厅中"两个部分，在船上写的是庄木三与女儿爱姑乘船进城见七大人的途中所发生的事情。集中写了人物的身份、地位、与周围人的关系，交代出这不是一般民间的离婚吵架，而是能够窥见一点文化信息的"离婚事件"。这部分的中心是尽情地显示爱姑的性格泼辣不驯的一面，与后面的骤然间变得温顺听话形成了一个极强烈的对比反差，没有用多少笔墨就写出了背景的力量。爱姑有多大本事也不能跳出社会的压力：你就算是孙悟空也跳不出如来的手心。

小说情节真是雷声大雨点小，对主人公大力夸张的描写，让人产生痛快淋漓的胜利期待。"厅中"其实应该分为"屁塞"与"呃啾"两个小节，前面写的是一群假行家在那里装模作样地研究出土文物，这些文物只是古人大殓时塞在肛门里的小石头。这些人不懂装懂地听七大人胡说。鲁迅借此讽刺一些无聊的考古假学者。据说古代人在死后常用小型的玉、石等塞在死者身体的开口处，如口、耳、鼻、肛门等处，相信可以保持尸体长久不烂。塞在肛门的叫"屁塞"。殉葬的金、玉等物，经后人发掘，其出土不久的叫"新坑"，出土年代久远的叫"旧坑"。古人大殓时，常用水银粉涂在尸体上，以保持长久不烂；出土的殉葬的金、玉等物，浸染了水银的斑点，叫"水银浸"。在厅中有这样一个画面：围了一圈的光头人在品味欣赏一个小小的屁塞，真能让人想象出，他们这些人也是不值一钱的"屁东西"。

正当爱姑手足无措的时候，七大人细长胡子围着的嘴里同时发出一种高大摇曳的声音来："来兮！"这是爱姑从来没听到过的带有异样威严的声音，顿时被吓得魂飞魄散，立即接受了原先慰老爷的处理方案，并且立即决定算清了账离开拉倒。为什么会有这样的魔力？因为也许他们在旧戏中听见过，一旦有当官的叫一声"来人啊"，肯定是呼唤差役们带着水火棍上来，对告状者"用刑伺候"。"来兮"比"来人啊"更神秘可怕。可是鲁迅没有让这种威严保持下来，用了一个七大人用了一点鼻烟的细节，让他打了一个"呃啾"了事。鼻烟是一种由鼻孔吸入的粉末状的烟，是振作精神的怪东西。一个喷嚏，万事大吉，真是让人捧腹大笑了。鲁迅用妙笔将该场面表现得淋漓尽致。

到现在，我们可以回顾一下，爱姑自从进了七大人的客厅，已经感觉到那种富贵豪华、琳琅满目、神秘莫测，随后一个"来兮"和"呃啾"，使爱姑感到惊悚可怕。鲁迅在这里尽情地讽刺了大人老爷们，也嘲讽了爱姑们的虽然敢怒却十分脆弱、不堪一击。

茅盾曾经称赞鲁迅的小说风格多样。其《论鲁迅的小说》一文主要论述鲁迅小说从《呐喊》到《彷徨》的发展："从《狂人日记》到《离婚》，从 1918 年到 1925 年，不但表示了鲁迅思想发展的道路，也表示了他的艺术成熟的阶段。《祝福》、《伤逝》、《离婚》等篇，所达到的艺术的高峰，我以为是超过了《阿 Q 正传》的。"茅盾还就作品进行了比较："如果把《药》和《离婚》比较研究，无论是就形象的生动而多采，人物的典型性结构的有机性，乃至对话的如闻其声，我觉得《离婚》更胜于《药》。"茅盾还指出："在《呐喊》集中，幽默情调较居主要的作品似乎更胜于沉痛的作品……在《彷徨》集中，我却以为沉痛的作品在艺术上比《呐喊》集中的同类作品达到了更高的阶段……若就艺术的成熟一般而论，鲁迅的小说后期尤胜于前期者，这说法大体上我相信是不错的。"① 这些论述是很值得我们参考的。

---

① 茅盾：《论鲁迅的小说》，见《茅盾选集》第 5 卷，四川文艺出版社，1985，第 348 页。

《燕赵文化研究》第 2 辑
第 103~110 页

百年中国学者与主题学

孟昭毅[*]

摘　要：比较文学主题学研究是跨越语言、跨越民族、跨越国界、跨越学科、跨越文化等多种界限的关于主题、母题、意象、原型、题材、人物、情境等方面的中外文学关系与联系的研究。它自 20 世纪 70 年代末 80 年代初进入海峡两岸的学术界以后，形成了民间文艺学领域的主题学研究、比较文学领域中的主题学研究、中国文学领域的主题学研究三种主要趋向。在经历了中国比较文学学科定型后的三十多年之后，无论是在理论建构还是在研究实践上都取得了巨大的成就。

关键词：主题学　比较文学　中国学者

主题学是有学理基础做支撑的，它具有独特的本体论意义。主题学研究无疑是比较文学的一种重要的研究方法。因此，它以跨异质文化为本质特征，以跨诸多学科为表象，从而表现出网状思维和星云式联想式的优势，以及追根溯源式的树根型考察，给人一种广可纵横捭阖、深可探源索迹的学术视域。比较文学主题学研究是跨越语言、跨越民族、跨越国界、跨越学科、跨越文化等多种界限的关于主题、母题、意象、原型、题材、人物、情境等方面的中外文学关系与联系的研究。它自 20 世纪 70 年代末 80 年代初进入海峡两岸的学术界以后，形成了民间文艺学领域的主题学研究、比较文学领域中的主题学研究、中国文学领域的主题学研究三种主要趋向。在经历了中国比较文学学科定型后的三十多年之后，无论是在理论建构还是在研究实践上都取得了巨大的成就，具体分析如下。

---

*　作者简介：孟昭毅，天津师范大学教授，主要从事比较文学主题学和东方文学研究。

第一种趋向，最先发轫的是民俗学、民间文学的主题学研究。

当比较文学主题学于 20 世纪 70 年代末 80 年代初进入海峡两岸的学术界时，作为一种自发的主题学研究方法，应该可以说此前早已有之。因为既然主题学源于欧洲民俗学和民间文学的研究，那么中国在这一领域里显然有着极其丰富的学术资源可利用。因此，从理论上说，中国比较文学的主题学研究应该有深广的学术基础，更何况当时正值西学东渐、中西交融的大背景下，中国相关学者在民俗学和民间文学的研究中对应西方主题学的研究成果进行相关的思考、利用是完全可以理解的。

早在 20 世纪初中国文坛就开始出现王国维的《〈红楼梦〉评述》（1904）、鲁迅的《摩罗诗力说》（1907）、胡适的《〈西游记〉考证》（1923）等具有中国色彩的比较文学研究成果，也出现了顾颉刚的《孟姜女故事的转变》（1924）、钱南阳的《祝英台故事叙论》（1929）、钟敬文的《中国民谭型式》（1931）等一批民俗学和民间文学方面有关主题学和类型学的研究成果。在此基础上，到了 20 世纪 70 年代末 80 年代初，受西方主题学和类型学理论的影响，海峡两岸的主题学研究有了复兴勃发之势。大陆地区季羡林的《罗摩衍那初探》（1979）、饶宗颐的比较"神话学"研究、钱锺书的《管锥编》（1979），台湾地区陈鹏翔的《主题学研究论文集》（1983）、杨宪益的《译余偶拾》（1983）、刘安武的中印文学比较等著作就成为这一时期主题学研究的扛鼎之作。在此基础上刘守华的《民间故事的比较研究》（1984），刘魁立的"民间文艺学"研究，台湾师范大学金荣华的《六朝志怪小说情节单元索引》（1984）、《民间故事类型索引》（2007）等著作，主要代表了西方传统主题学研究范式在中国民间文艺学范畴主题学研究中的重要成就。

第二种趋向，发展壮大的比较文学研究中的主题学成果。

这些学者大多是海峡两岸第一批以中外文学关系为研究对象的比较文学专业学者。主要以乐黛云、孙景尧、陈鹏翔、谢天振、陈惇、刘象愚、曹顺庆、刘介民、王志耕、王向远等为代表。

"主题学"作为比较文学研究的专门术语传入中国的时间并不久远。台湾学者陈鹏翔自称，20 世纪 70 年代末在港台地区，他和马幼垣、李达三等人最早使用了"主题学"一词。大陆专书专论中提及"主题学"的应该是 20 世纪 80 年代卢康华、孙景尧合著的《比较文学导论》（1984）和乐黛云的《比较文学原理》（1988）。前者在"平行研究"一节中用了 1200 多个字的篇幅简单概括了

"主题学研究同一主题思想在不同国家文学中的表现，如'爱情与义务的冲突'，'人生短暂与自然永恒的矛盾'，'爱情战胜死亡'，'有生化为无生'等等"①，此后文中列举了大量中外文学中表现相同主题的作品进行说明。现在看来，由于当时条件和篇幅所限，这种"主题学"的理论定义和研究实践都论述得不够充分、具体。

关于"主题学"的理论，大陆学者在教材中论述较早且较充分的是乐黛云先生。她在 1985 年由深圳大学比较研究所编辑的"比较文学丛书"总序"比较文学的名与实"中写道："从内容方面来说，文学反映人的思想、感情和心理状态，人类共有的欢乐、痛苦和困扰往往可以从全不相干的文学体系中看到。……构成了并无事实联系的不同文学之间的一种可比性。这种比较在比较文学中被称为'主题学'。"② 毫无疑问，可以看出乐黛云当时是将"主题学"归入无事实联系的平行研究一类的。

另外，一批比较文学教材和刘献彪主编的《比较文学手册》（1986）、上海外语学院外国语言文学研究所编写的《中西比较文学手册》（1987）等相继开始介绍主题学。大陆学者中系统介绍主题学理论的是谢天振先生。他在 1987 年由广东省比较文学研究会和暨南大学中文系合办的《比较文学研究》季刊第 4 期上发表了 16000 多字的关于"主题学"的专题论文。他在文中首先对"主题学"一词在国外的产生、传入国内的时间进行了简单的考证；其次，以具体事例对"主题学"的产生及其在比较文学中的地位进行了阐述；再次，对"主题学"的定义等属于本体论范畴的内容进行了从理论到实践、从国外到国内的梳理；最后，也是最重要的部分，是对"主题学"研究对象的分类。因为国外学者思想认识不统一，所以作者耗费了大量的理论思考和实例分析来说明主题学研究的不同分类标准和内容，主题研究、母题研究和情境研究的具体策略与方法等。毫不夸张地说，这篇文章为当时的大陆学者研究比较文学主题学的理论与实践奠定了学科基础。十年之后，他在和陈惇、孙景尧主编，由高等教育出版社出版的《比较文学》一书中，重新撰写了"主题学"一章，20000 余字。就这样，中国比较文学平行研究中的主题学研究，尤其是中外文学中的主题研究"一发不可收"。

台湾学者陈鹏翔对中国比较文学主题学的理论建构、实践推广而言是一个重要人物。他是当代"旅台马华作家"的代表，其诗歌创作和文学评论在台湾马华

---

① 卢康华、孙景尧：《比较文学导论》，黑龙江人民出版社，1984，第 176 页。
② 乐黛云：《比较文学的名与实》，见乐黛云《比较文学原理》，湖南文艺出版社，1989，第 2 页。

作家群中颇有影响。20 世纪 70 年代末 80 年代初他开始致力于比较文学研究，并积极推广主题学的理论与实践。他在博士学位论文《中英古典诗歌里的秋天：主题学研究》中就开始运用主题学的理论来研究中英诗歌里关于"秋天"的母题。从此他开始重点进行比较文学主题学研究。相关著述有《主题学研究论文集》（1983 年版、2004 年新版）、《主题学理论与实践》（2001），他的主题学研究在中国比较文学学科史上有一定的历史地位。

陈惇、刘象愚二位先生在国家教委"七五"高校文科教材《比较文学概论》（1988）一书中用了一节，近 9000 字的篇幅重点对"主题学"进行了理论上的阐释。作者首先从历史沿革和术语形成两个方面对"主题学"进行了较为详细的解说，其中着重指出："比较文学中的主题学并不等于我们通常所说的主题研究，它包括对题材、主题、母题、情节、人物、意象等方面的研究。"① 这就厘清了主题学与主题二者研究范畴的区别。在对意象与主题的关系进行了严格的界定之后，作者又对题材提出了主题学意义上的要求："题材是作品的素材，尚未经过作家的处理。……题材的上面是情节、人物和一定的艺术形式；再上面一层是从具体的情节、人物中概括出来的一系列母题；母题上面的最高层次是作品的主题。""主题学即是以作品的这四个层次为对象，于是有题材研究、人物研究、母题研究、主题研究等。"② 这两位作者清晰地描述了文学作品在主题意义上的四层结构，并分别对应着一种主题学研究的范畴，这不仅在当时，即使是现在也有比较文学主题学研究的学理意义。

刘介民在《比较文学方法论》（1993）的第五章"比较文学理论之平行研究"中论及的第一种方法即"主题学的方法"。虽然他的论述只用了 3700 余字，但是他的观点极其明确。首先，主题学是平行研究的首要方法。其次，他对主题学进行了本体性意义的界定："主题学就是要从'主题'（Theme）及'母题'（motif）入手，研究文学作品的国际关系；研究同一主题思想在不同国家文学中的表现形式。"他进一步指出："主题学基本是属于平行研究，而主题研究则为法国影响研究所盛行。"③ 再次，文中指出比较文学"它探讨从一国转向另一国的过程及其演变，和那些充分体现文学特质的主题、典型和传说。当然，民俗学与比较文学也有相接的情况，尤其是某些主题学的领域"。在这里他指出了民俗学和比较文学研

---

① 陈惇、刘象愚：《比较文学概论》，北京师范大学出版社，1988，第 243 页。
② 陈惇、刘象愚：《比较文学概论》，北京师范大学出版社，1988，第 246 页。
③ 刘介民：《比较文学方法论》，天津人民出版社，1993，第 243 页。

究对象和领域有叠加之处，这也正是西方早期民俗学不被正统的比较文学接纳而后又进入平行研究的契机。因为"这些主题，不同国家的不同作家有不同的取舍，也可能在不同国家不同作家找见相似之点。用这种方法进行对比与比较的对象，就不仅仅是存在着直接的影响关系，有很多是不同国家不同历史时期出现的相似现象。因此，比较文学由影响研究走向了平行研究"。最后，他还指出："每一时代的作家都在主题上翻新立意或创造出某些琐节。主题学的方法要研究这些与主题的相互取舍关系、主题的相互联系和相互影响。"[1] 其最后结论是："可见主题学的方法，已从德、法题材史、主题史的研究转向国际文学的平行研究。"[2] 而这恰恰是中国比较文学主题学研究最早由民俗学、民间文学萌芽，最终归于世界文学研究的原因。

第三种趋向，西方主题学在中国文学史研究中延展形成了主题史研究。

这是一种以舶来品的主题学理论重构中国文学史现象的阐发式研究。例如以王立的《中国文学主题学》（1995）、宁稼雨的《先唐叙事文学故事主题类型索引》（2011）、叶舒宪的《神话意象》（2007）、陈建宪的《神祇与英雄》（1994）、万建中的《解读禁忌》（2000）等为代表的运用神话母题所进行的神话研究和古典叙事研究，以谭桂林的《长篇小说与文化母题》（2002）、王春荣的《新时期文学的主题学研究》（2007）等为代表的针对中国现当代文学的发展所进行的题材史和主题史研究等。

21世纪以来，构建具有中国特色的比较文学主题学已初显端倪。

21世纪以来，在大量比较文学主题学研究实践的基础上，对于主题学的理论研究也有新的发展。比较重要的有孙景尧主编的《比较文学经典要著研读》（2006）中对主题学理论的阐释与解读，美国哈佛大学大卫·达姆罗什的《新方向比较文学与世界文学读本》（2010）中则有不少关于跨文化比较中的主题学的理论问题。2011年笔者在《湖南人文科技学院学报》第5期作为特邀主持人发表了"比较文学主题学研究"的系列文章。2014年台湾学者的张汉良先生（现受聘于复旦大学）发表于《中国比较文学》中的《透过几个图表反思"文学关系研究"》一文中提出主题学的学理基础，即"发生学的接触"与"类型学的平行"等问题。这都表明比较文学主题学研究日渐成为这一领域的显学，在理论与实践上都取得了新的成果，并逐步形成独立的学科体系。

---

① 刘介民：《比较文学方法论》，天津人民出版社，1993，第244页。
② 刘介民：《比较文学方法论》，天津人民出版社，1993，第248页。

许多学者一直在关注比较文学学科理论的发展变化，一直处于比较文学理论探讨和实践研究的前沿。他们对主题学的理论和实践有着连续性的思考，在大量理论思辨和研究实践的基础上对主题学从本体论定位到认识论定性，从方法论入手到实践论践行，都进行了全方位的考察与创新。尤其是在"一代博学鸿儒"钱锺书治学方法的影响下，都希望像他一样能够建构具有中国特色的主题学的学术大厦。

古人云："通古今之变，成一家之言。"言外之意是，只有对"史"的"通"，才可有"思"之"变"，在此基础上，才可能建立自己的学术思想。钱锺书先生在《谈艺录》开篇，即讲"东海西海，心理攸同；南学北学，道术未裂"，并用这种思想贯穿了他的《管锥编》等学术著作。这种学术思想使他的学术研究始终有一种"打通"的思想主脉，即"打通古今""打通中外""打通学科"，在这种"三通"之中他的思想之变和思维之变得以形成。他在自己的书中以深厚的学养、大量的典籍和难以辩驳的批评理论，说明不同民族、国家的文学艺术家能够创造出具有相近或相似的思想内容、主题意象、情节结构、类型文体等的艺术作品。他将《续玄怪录》中的薛伟化鱼的记载，与卡夫卡《变形记》中格里高尔变成甲虫一事相比较，得出"变形"是形象思维共通、共同的"艺术规律"[①]。而文艺理论家和批评家则也能提出心领神会、文化心理结构相同、文艺观点共通的见解。他将鲍照的《舞鹤赋》与德国席勒、英国叶慈等人的作品比较，证明中西文学规律也有相通之处。[②] 钱锺书在中外纵向历史影响和横向现实影响的互动关系中，将大量的有关文艺作品的意象、题材、母题和主题的学术探讨，深化为在人类思想史、精神史上的鲜活亮点和哲理追求，这都是后人难以企及，但大受启发的。

前有古人，后有来者。2015 年 2 月高等教育出版社出版了"马克思主义理论研究和建设工程重点教材"《比较文学概论》。在这部最新著作的第五章"文学的类型研究"的第二节"文学主题与主题学"中，作者用了 17000 余字的篇幅对"主题和主题学的联系与区别"、"主题学研究的分类"、"主题学研究的主题"和"主题学的平行研究与影响研究"四个问题进行了系统、全面的理论与实践的阐发，并开宗明义地指出："在基本廓清了类型学、主题学与文类学这三者各自的学术疆界和独有的研究对象和方法之后，本章明确指出：类型学、主题学与文类学

---

① 钱锺书：《管锥编》，中华书局，1979，第 568 页。
② 钱锺书：《管锥编》，中华书局，1979，第 1312 页。

既属于平行研究，又属于影响研究，这是本教程结构上的一大创新。"① 但是作者也在继后的论述中明确指出："正是这些具有动态特质的母题、题材、主题，使主题学研究始终充满活力。它们不可能被任何界限所束缚而成为专有物，恰恰相反，它们会越来越活跃，成为平行研究和影响研究中都不可或缺的重要因素。至于在运用这些主题学的构件时，使之进入平行研究或是影响研究领域进行探讨，则应该视实际情况而定，不可先入为主。"②

中国比较文学学会前会长、《比较文学概论》主编、首席专家曹顺庆教授在《光明日报》发表的署名文章《构建比较文学研究的新体系与新话语》一文中，论及"马克思主义理论研究和建设工程重点教材"《比较文学概论》的创新之处时就以"文学的类型研究与比较诗学"板块为例，评价说：它"囊括了'主题学'、'文类学'的影响研究和平行研究，打通了以往教材将影响研究与平行研究严格区分的结构，解决了比较文学教材以往的结构难题"③。即是说类型学研究中的主题学在影响研究和平行研究的实际操作中并没有严格区分，其实它不仅打破了比较文学教材的结构难题，而且打通了比较文学主要的两种研究方法，即影响研究和平行研究之间学理隔阂的樊篱，因为这正是文化之间转向的结果。只要是在异质文化背景下进行比较文学研究，就会发现各民族文学作品中的确存在共通而又共同的主题。所以这些相同的主题既不是平行研究中的文化间的比照，也不是影响研究中的文化之间的沟通，而是类型学研究中的文化之间的转向，于是异质文化背景下的文学主题最终会整合为一种异质文化相互叠加交叉的契合点，成为一种关联性的产物，这才是比较文学主题学研究的本质和意义所在。

以"马克思主义理论研究和建设工程重点教材"《比较文学概论》为标志，中国比较文学主题学研究表现出如下特点。

第一，以比较文学领域的学者为主体的研究成果主要集中在比较文学主题学的理论建构和中外文学比较中的主题学研究实践上；以中国文学史和民间文艺学等研究领域的学者为主体的研究成果主要集中在比较文学主题学的题材史和主题史的研究实践上。

第二，前者侧重于主题学研究，即内容上狭义、范畴上广义的世界文学国际性的类型学研究，主要表现为平行研究和影响研究；后者侧重于主题研究，

---

① 比较文学概论编写组：《比较文学概论》，高等教育出版社，2015，第185页。
② 比较文学概论编写组：《比较文学概论》，高等教育出版社，2015，第207页。
③ 《光明日报》，2015年12月2日，理论版。

即内容上的广义、范畴上狭义的国内民族文学研究，主要表现为影响研究和接受研究。

第三，这两大群体都在努力表现比较文学主题学研究的中国特色，即在理论和实践上彰显具有中国特色的比较文学主题学的理论建构和实践研究，在中国主题学研究的实践上建构两岸学者认同的比较文学主题学理论，并开始在世界比较文学界产生深远的影响。

《燕赵文化研究》第 2 辑
第 111~117 页

《翠屏集》版本考

张春国　朱夜明[*]

摘　要： 元末明初著名文学家张以宁著有《翠屏集》，本文将四库本《翠屏集》与明成化本《翠屏集》及《明诗综》与《石仓十二代诗选》中收录的《翠屏集》作品进行校勘，得出结论。第一，《翠屏集》现存诸种版本中，四库本具有不可忽视的校勘价值。以四库本校成化年张淮刻本，可以纠正明成化年张淮刻本诸多讹误，但四库本亦存在漏辑诗作等问题。第二，《明诗综》所著录《翠屏集》作品数量少，且有讹误。第三，《石仓十二代诗选》所著录《翠屏集》作品与他本《翠屏集》比勘，发现石仓本序言与目次安排异于他本，同时存在删改序、诗题、小注等情况，亦与他本有诸多异文。这与《石仓十二代诗选·明诗选》体现出的收录作品较少门户之见、存明代诗文原貌的整体特色并不相合。

关键词：《翠屏集》　四库本　成化本　《石仓十二代诗选》　《明诗综》

张以宁是元末明初著名文学家，古田（今福建宁德）人。因家居翠屏峰下，自号翠屏山人，元泰定四年（1327）进士。曾任黄岩州判官、真州六合县尹等。入明拜翰林侍读学士、朝列大夫等，三使安南以卒。其著有《翠屏稿》《淮南稿》《南归纪行》《安南纪行集》诸集。对其《翠屏集》，《四库全书总目》云："其诗五言古体，意境清逸，七言古体，亦遒警。……《明史·文苑传》称：'以宁在元以翰林侍读学士知制诰，在朝宿儒虞集、欧阳元、揭傒斯、黄溍之属，相继物故。以宁有俊才，博学强记，擅名于时，人呼小张学士'云云。则

---

* 作者简介：张春国，文学博士，河北大学文学院副教授，研究方向为古籍整理与四库学；朱夜明，河北大学2017级古典文献专业硕士研究生。

以宁兼以文章显，不但以春秋名家，徐泰《诗谈》称：'以宁诗高雅俊逸，超绝畦畛，如翠屏千仞，可望而不可跻。'"① 宋濂《翠屏集·序》亦云："丰腴而不流于丛冗，雄峭而不失于粗砺，清圆而不涉于浮巧，委蛇而不病于细碎，诚可谓一代之奇作矣！"② 足见其诗作之地位。惜学界对其关注并不够，本文对其版本进行详细探讨。

一 《翠屏集》诸种版本述略

《翠屏集》几经刊刻。洪武二十二年（1389），张以宁的学生石光霁（字仲濂），搜罗张以宁的诗歌一百多首，《翠屏诗集》得以刊刻；洪武二十七年（1394），石光霁得以看到张以宁的诗文全集，重刻《翠屏集》；宣德三年（1428），其孙张隆把《安南使稿》收入《翠屏集》中，至此，张以宁诗文收集齐全，后人得以看到《翠屏集》全貌。成化十六年（1480），张以宁的曾孙张淮捐资重新刊刻《翠屏集》，在石仲濂的批点本的基础上，有所增加。《翠屏集》现存版本如下。

1. 明悠然斋抄本（1394）

八行二十字，蓝格，白口，左右双边，单鱼尾，版心上为书名。卷首有陈南宾洪武二十三年（1390）序，现藏于国家图书馆。

2. 明宣德三年（1428）刻本（以下称"宣德本"）

其系《翠屏集》最早的刻本，现仅存有第二卷，其他卷已亡佚。现存的宣德四卷本，其目录、卷一、卷三、卷四配清抄本。现藏于南京图书馆。

3. 明成化十六年（1480）德庆府儒学刻本

今藏于中国台湾图书馆、日本内阁。

4. 明成化十六年（1480）张淮刻本（以下称"成化年张淮刻本"）

十一行二十二字，黑口，四周双边，双鱼尾，版心刻书名、卷次、页数。卷首有宋濂、刘三吾、陈南宾以及陈琏的序，其后有张淮自叙。现藏于国家图书馆、上海图书馆。

值得注意的是，国家图书馆藏两部明成化本《翠屏集》。第一部成化本封面别有"诗文四卷，戊戌秋日收于邗江""明成化黑口本，罕见集中《七夕吟》、《倦

---

① 《四库全书总目》，中华书局，1965，第 1466 页上。
② （明）张以宁：《翠屏集》，明成化十六年（1480）张淮刻本。

绣篇》，皆为选家必录者，亦明初诗人之键者也"等字，书前有"侯官郑氏藏书""昌英珍秘"等藏印。封面后有牌记："诗文一依监本，博士石仲濂先生批点，中间漏板不复刊行，今将家本增于后。成化十六年庚子岁孟冬吉旦，嗣孙张淮捐俸重刊。"可知此本为张以宁嗣孙张淮于成化十六年（1480）在宣德三年（1428）刻本的基础上重刊而成。前有宋濂、刘三吾、陈琏、陈南宾等序，卷末有石光霁、赵珤跋。

国图另一部成化本从其版式、行款、字体等特征判断，当与第一部为同版。但该本后附增明张瑄辑张氏《至宝集》挽联一卷，但无赵珤跋文。

5. 清抄本

十一行二十二字，无格。现藏于国家图书馆。版心写有书名、卷次、页码。序前有朱彝尊评张以宁《送重峰阮子敬南还》诗一篇。书前有宋濂、刘三吾、陈南宾、陈琏等序，无张氏《至宝集》挽联。

6.《四库全书》本（以下称"四库本"）

现可见有文渊阁《四库全书》本与文津阁《四库全书》本。与文渊阁本相比，文津阁本删去书前目录与石光霁跋文，且个别文字存在差异。

另外，《明诗综》①《石仓十二代诗选·明诗选》② 中均收录了《翠屏集》的部分作品，其中《石仓十二代诗选·明诗选·明初集》中收录张以宁诗作七十三首，书前仅宋濂序一篇，无陈南宾、刘三吾、陈琏序，据《石仓十二代诗选》成书情况看，该本当依据明刻本而成。

本文将四库本《翠屏集》与明成化本《翠屏集》及《明诗综》与《石仓十二代诗选》中收录的《翠屏集》作品进行校勘，以考察各本对《翠屏集》著录的得失。

二 《明诗综》《石仓十二代诗选》所著录《翠屏集》作品考校

（一）《明诗综》所著录《翠屏集》作品与他本《翠屏集》之比勘

《明诗综》卷三收张以宁诗十五首，成化年张淮刻本收诗三百八十首，四库本收诗三百八十六首，经校勘，各本异文较少，共有七处，分列如下。

---

① （清）朱彝尊：《明诗综》卷三，清康熙刻本。
② （明）曹学佺：《石仓十二代诗选》，刻本，日本浅草文库藏。

1. 《游句容同林景和县尹子尚规登僧伽塔赋》

《明诗综》本"游"作"题"，石仓本、宣德本、成化年张淮刻本、四库本均作"游"。"题"有书写、题署之意。此当作"游"。

2. 霜飙天际来，毛发飒森爽

《明诗综》本"飒"作"讽"，误，石仓本、宣德本、成化年张淮刻本、四库本均作"飒"。《说文·风部》云："飒，风声也。"《汉语源流字典》中，"飒爽"引申为豪迈矫健之意。《明诗综》作"讽"，当系与"飒"字形体相近致误。

3. 《夜饮醉归赠王伯纯是日王得容程子初同饮》

《明诗综》本"得"作"德"，石仓本、宣德本、成化年张淮刻本、四库本均作"得"字。

4. 城头愔愔云下垂，竹外骚骚雪微作

《明诗综》本"雪"作"风"，石仓本、宣德本、成化年张淮刻本、四库本均作"雪"。据下文"爱竹爱雪仍爱诗"，此处当作"雪"。

5. 君归过溪上，为问水中鱼

《明诗综》本"溪"作"江"，石仓本、宣德本、成化年张淮刻本、四库本均作"溪"。据上句"君家重峰下，我家大溪头"，此处当作"溪"。

6. 坡陁石上曾披雪，遍海莲华白于月

《明诗综》本"披"作"波"，成化张淮刻本同，四库本作"披"。"披"有"覆盖"意，当据四库本改。《明诗综》本"华"作"峰"。"华"古同"花"，此处当作"华"。

7. 《戏作杭州歌》

《明诗综》本作《杭州歌》，宣德本、成化年张淮刻本、四库本均作《戏作杭州歌》。

《明诗综》本所收张以宁诗作与石仓本、宣德本、成化年张淮刻本、四库本相较，异文虽少，但均系《明诗综》本误。故《明诗综》所著录《翠屏集》作品数量少，且有讹误。

（二）《石仓十二代诗选》所著录《翠屏集》作品与他本《翠屏集》之比勘

1. 目次不同

《石仓十二代诗选》所著录《翠屏集》诗作七十三首，其目次安排与成化年张淮刻本、四库本差异较大。四库本与成化年张淮刻本目次一致，卷一为古言诗篇，分四言、五言与七言。卷二为律诗和绝句，分五言长律、七言律诗、七言长律、五言绝句、七言绝句。而石仓本《翠屏集》目次与之不同，分五言古诗（7首）、五言律诗（21首）、五言长律（1首）、七言古诗（17首）、七言律诗（17首）、五言绝句（2首）、七言绝句（9首），其中七言长律未收诗。

2. 序言不同

四库本与成化年张淮刻本书前有宋濂、陈南宾、刘三吾、陈琏四篇序，石仓本《翠屏集》前仅有宋濂序一篇。

3. 石仓本对《翠屏集》诗作的删改

（1）删诗文。如《题马致远清溪晓渡图》中诗句："我呼九曲峰前船，君帆正渡潇湘渚。雁去冥冥红叶天，猿啼历历青枫树。是时美人不相见，我思美人美无度。美人之材济时具，我老但有沧洲趣。他日开图思我时，溪上春深采芳杜。"石仓本径直将以上几句删去，而《明诗综》本与成化年张淮刻本、四库本均有之。

（2）删诗题注或介绍文字。如《题马致远清溪晓渡图》题注"先生自注致远广西宪掾子琬从子学"，《青山白云歌送周熙穆高士归天台省亲时寓玄妙观》题注"先生自注高士乃天台上参政孙"等，石仓本径直删去。此外有些诗题下还有一些介绍文字，石仓本亦删去。如《王伯纯读书别墅与有怀纵笔奉寄》，注云："伯纯，河东人，寓居扬州。有别墅近邵伯镇，常读书于彼。轻财好客，谊侔古人。且才甚高，长于诗。后领河东乡荐。"

（3）删改诗题。如四库本中《科举以滞选法报罢士无有为钱若水者何也予于胶西张起原坐上闻此语悚然予获庚甲戌冬而乙亥科举罢徒抱耿耿进退趑趄此古昔有志之士所以仰天泪尽者也感胡永文事赋廿八字凡我同志当为怃然》，石仓本中将此诗题改为《科举以滞选法报罢书怀》。

4. 石仓本收录《翠屏集》作品与他本异文

石仓本所收录《翠屏集》作品与四库本文字逐字对勘，发现了三十四处异文（异体字除外），列举部分异文（见表1）。

表1　石仓本与四库本、成化年张淮刻本所收《翠屏集》作品的部分差异

序号	诗题	石仓本	四库本	成化年张淮刻本	备注
1	题子献访戴图	云溪夜回舟	雪溪夜回舟	雪溪夜回舟	
2	绚斋为张景思总管赋	愿言番昭代	愿言宝昭代	愿言珤照代	

续表

序号	诗题	石仓本	四库本	成化年张淮刻本	备注
3	江南曲	平原万里莽空阔	中原万里莽空阔	中原万里莽空阔	
4	夜饮醉归赠王伯纯是日王得容程子初同饮	饮醉不知宾主谁	饮醉那知宾主谁	饮醉那知宾主谁	
5	夜饮醉归赠王伯纯是日王得容程子初同饮	瑶华翠色光陆离	瑶华翠色森陆离	瑶华翠色森陆离	
6	王伯纯读书别墅与有怀纵笔奉寄	更有参差不相遇	纵有参差不相遇	纵有参差不相遇	
7	次韵同年李孟幽编修见贻	垂晓拂琼林枝	垂鞭晓拂琼林枝	垂鞭晓拂琼林枝	
8	次韵同年李孟幽编修见贻	雪风吹酒绿生鳞	雪风吹酒生绿鳞	雪风吹酒生绿鳞	
9	倦绣篇为云中吕遵义作	停针默默无人会	停针嘿嘿无人会	停针嘿嘿无人会	当为"默默"
10	闽关水吟	飘飘直度长江水	飘飘直度长江水	飘飘直度长江水	
11	闽关水吟	碧草满地黄云多	碧树满地黄云多	碧树满地黄云多	
12	闽关水吟	陇水潺湲似人语	陇水潺湲似人语	陇水潺湲似人语	
13	题杨子第八港韩氏十景卷	白雪赵君诗句好	白雪赵子诗句好	白雪赵子诗句好	
14	题杨子第八港韩氏十景卷	持似潇洒江居人	持似潇湘江畔人	持似潇洒江畔人	
15	送同年江学庭第学文归建昌	庭树乌群喜	庭树乌先喜	庭树乌先喜	
16	送同年江学庭第学文归建昌	江帆雁独飞	江帆雁共飞	江帆雁共飞	
17	九江庙	蜀江来楚尽	蜀岗来楚尽	蜀岗来楚尽	
18	浙江	潮到富阳回	湖到富阳回	湖到富阳回	
19	送徐君美之六合县尹	马首入青云	马首又青云	马首又青云	
20	建业清凉寺次王伯循御史竹亭壁间韵	为余诗眼青	为予诗眼青	为予诗眼青	
21	题青山白云图	忆昔似曾游	忆着昔曾游	忆着昔曾游	
22	至直沽	拙宦向何堪	拙宦白何堪	拙宦白何堪	疑为"自"古作"白"
23	夜久	柔橹戞河声	柔橹助河声	柔橹助河声	
24	高邮	湖岸楼台连海上	潮岸楼台连海上	湖岸楼台连海上	
25	高邮	四海升平须进酒	四海升平谁乐隐	四海升平须进酒	

　　以上异文,石仓本与四库本皆不同,但与成化年张淮刻本相比,石仓本、四库本又同误,如"弋阳"写为"戈阳"等。在以上二十五处异文中,成化年张淮刻本与四库本有二十一处相同,与石仓本有两处相同,有两处与二者皆不同。惜宣德三年初刻本已残,无法辨知其书原貌,疑为曹学佺所据底本异于成化本,或为曹学佺抄录有误,尚需进一步考证。

三 结论

综上，本文得出以下结论。

（1）《翠屏集》现存诸种版本中，四库本具有不可忽视的校勘价值。以四库本校成化年张淮刻本，可以改正成化年张淮刻本诸多讹误①。但四库本存在漏辑诗作的情况，如钱谦益的《列朝诗集》中有张以宁五言古诗两首，在明叶翼《余姚海堤集》中有张以宁七言古诗一首，在《述善集》中有其七言长诗一首，而这些诗作均为四库本所漏辑。②

（2）《明诗综》所著录《翠屏集》作品数量少，且有讹误。

（3）《石仓十二代诗选》所著录《翠屏集》作品与他本《翠屏集》比勘，发现石仓本序言与目次安排异于他本，同时存在删改序、诗题、小注等情况，亦与他本有诸多异文。这与《石仓十二代诗选·明诗选》体现出的收录作品较少门户之见、存明代诗文原貌的整体特色并不相合。

---

① （明）张以宁撰《翠屏集》，游友基点校，广陵书社，2016。

② （明）张以宁撰《翠屏集》，游友基点校，鹭江出版社，2012。

《燕赵文化研究》 第 2 辑
第 118~127 页

印度之莺

——萨罗吉妮·奈都夫人

王春景[*]

摘　要：萨罗吉妮·奈都夫人是印度民族独立运动时期重要的女性领袖，她率领女性加入甘地所领导的民族独立运动之中，表现出印度女性在社会历史进程中的重要作用；奈都夫人作为革命家的形象在中国广为传播，民国时期即有大量的介绍；奈都夫人是印度现代重要的英语诗人，其诗歌以丰富的具有印度色彩的意象表达了对印度文化的肯定，对印度传统的认同，对新印度的热情。

关键词：萨罗吉妮·奈都夫人　印度女性文学　民族独立运动

在印度女性解放的历史上，奈都夫人（Sarojini Naidu，1879—1949）是里程碑式的人物，她的诗才及献身政治运动的热情为印度人民所热爱和敬仰。她得到学者们的关注主要是因为其在印度民族独立运动中的重要作用，其诗歌创作与印度民族文化、印度风物关系紧密，表现出特定时期女诗人的广阔社会视野与对民族传统的认同。

一　与男性并肩战斗的女性

近代印度的民族独立运动时期是印度女性走向社会，并与民族命运结合最紧密的历史时期。民族独立运动期间，女性走出家庭，走向政治舞台，这是印度女

---

*　作者简介：王春景，河北师范大学文学院教授，博士生导师，主要研究方向为印度英语文学。

性历史性的进步。虽然在民族主义运动中，女性的性别问题被忽视，男尊女卑的传统也没有得到根本扭转，女性依然处于被压迫的地位，但政治运动中女性的参与让全社会看到了女性的智慧和力量。"在印度反对英国殖民主义、争取民族独立的斗争中，在反对封建主义、解放妇女的运动中，正是因为有印度广大的各阶层妇女参加，才能赶走英国殖民主义者，获得民族的独立；正是因为有印度广大妇女对封建势力的不懈斗争，才日益提高了妇女的政治觉悟。"[1]

在甘地的影响下，出现了奈都夫人、里拉新、萨拉拉等一批妇女运动的领袖，她们身体力行，褪去华贵的服装和首饰，身着土布，在民族独立斗争的队伍中宣传民族自治的主张。尼赫鲁曾经记述过民族独立运动时期印度女性发生的重要变化："我们男人多半下了监狱。于是一件惊人的事情发生了。我们的妇女来到前线，开始负起斗争的责任。自然，妇女们总是在斗争中的，但现在她们以排山倒海之势而来，这不但使得英国政府并且使她们自己的男人们也惊讶起来。就是这些妇女，上层或中层阶级的妇女，在她们的家庭中过着被荫庇的生活——农民妇女、工人阶级妇女、有钱的没有钱的妇女——像千军万马的洪流似的不顾政府的命令和警察的棍子汹涌而来。并非仅仅由于她们所表现的勇敢和决死的精神，更令人惊奇的是她们所表现的组织能力。"[2]

这些重要的女性人物标志着印度女性解放的伟绩，虽然印度社会尚存在男尊女卑的传统，但已有女性参与到社会政治事业中，并且表现出突出的才干，有着巨大的影响力。

在民族独立运动的洪流中，奈都夫人扮演了重要的角色。糜榴丽在《奈都夫人小传》中这样描述奈都夫人："这位灿烂的人物，她最初出现于印度是一个民族诗人，接着成为一个革命领袖，一个政治家，一个妇女运动的领导者。这多方面的发展，写成了她诗一样动人的生平，把她熔铸成一个亚洲伟大的女性，诗哲泰戈尔以外最知名的印度大诗人。"

奈都夫人跟随甘地的脚步，积极带领印度妇女加入民族独立运动之中。她在1930 年的食盐长征之后，成为在民众中颇有威望的领袖。一位美国记者曾这样描述："尘土飞扬的大路上挤满了民族主义者，他们围着一位女性席地而坐，她坐在一把椅子上，或写信，或纺线，打发时光。与她和她的追随者对峙的，是同样数

---

① 黎菱：《印度妇女：历史，现实，新觉醒》，世界知识出版社，1986，第53 页。
② 〔印〕贾瓦哈拉尔·尼赫鲁：《印度的发现》，齐文译，世界知识出版社，1956，第36~37 页。

量的警察，他们拿着棍棒和枪支。"① 奈都夫人投身到民族独立运动中，经历了数次牢狱生活，也获得了人们的尊重和敬仰。1925 年，她被选为印度国大党主席；曾任北方邦省督和全印妇女大会主席。

二　中国视野中作为革命家的奈都夫人

奈都夫人在民国时期就受到我国学者的关注，有很多介绍其生平及创作的文章问世，专门写她的文章有 30 多篇，此外一些介绍印度女性运动的文章也会涉及她。奈都夫人被称为"爱国诗人""印度的万能女子""印度女革命领袖""印度女杰"等。她在文学和政治运动中的重要成就受到了中国人的关注。撰文介绍奈都夫人的有后来成为著名学者的谭云山、糜文开、吴晓铃、孙起孟、朱维之、徐懋庸等人，翻译者除了糜文开，还有冰心、闻一多等人。

最早专门介绍奈都夫人的文章是《印度爱国诗人南度女士》。文章介绍："印度沙洛奇妮南度女士为诗人，为女爱国家，亦近日印度政治舞台上一有数人物。付为第十四届国民议会议长，飞辞骋辩，惊其四座。国中女流，仰之若日星，即彼邦智识阶级，亦无不推崇之云。"② 之后，中国报刊对奈都夫人的重要活动几乎都有介绍，比如其担任国民议会议长之后的活动（《印度国民议会的女会长》，《东方杂志》1926 年第 23 卷第 8 号，第 42 页），去美国演讲（辉群：《世界妇女消息——印度女革命家赴美演讲》，《妇女共鸣》1929 年第 8 期），以及后来的被捕入狱（《孟买狱中的风云人物：奈杜夫人》），担任省长（《印度女诗人奈都夫人出任省长》，《华商报》1947 年第 685 号）等。

《印度女诗人娜伊杜》一文较为全面地介绍了奈都夫人的生平，称她出身婆罗门种姓，后不满国内教育"去憧憬的英国去了"，因其放弃了婆罗门的旧习俗，在英国大受欢迎。在大学时写诗已受瞩目，但后来她要回印度，为印度独立而斗争。回国后，到处演讲，提出打破深闺制度，提倡女性教育。她的行动受到从南非归来的甘地的激励。结婚生子之后，她依然积极参与印度独立运动，出版了两部诗集。开始创作时模仿维多利亚诗风，后在评论家高斯的帮助下，开始写印度的生活，运用印度的传统。文章还翻译了奈都夫人的一首诗歌，为读者了解印度新女

---

① Padmini Sengupta, *Sorojini Naidu*, Sahitya Akademi, 1974. p. 62.
② 佚名：《印度爱国诗人南度女士》，《良友画报》1926 年第 7 期，第 21 页。

性的精神风貌提供了直接的材料：

> 听可敬的预言者可敬的话：
> 只有你才是帝王
> 只有你们才是天权者
> 请忘记了古昔圣者古昔的教训
> 因为时代已经转变了
> 时代，一切都已经革新了！
> 使古昔的吠陀的颜面上
> 仍旧摆着古昔来的容仪的，
> 那尊古昔来的太阳
> 这些都
> 远远地远远地，逃到伊朗
> 海中去了
> 从新生的印度身上
> 驱逐去那古昔的神秘呀。[1]

　　谭云山在《印度丛谈》中有一节"女诗人兼伟人"介绍了"内都夫人"，指出她在印度妇女界，诗人的地位不减于泰戈尔，伟人的地位不减于甘地，被称为"印度之莺""印度福音之歌唱者""印度之女王"，并称赞其最伟大之处是冲破了印度种姓制度的樊篱，与种姓的奈都相爱结婚。

　　民国时期对奈都夫人的介绍即使现在看来依然是比较丰富的，已经呈现出奈都夫人在政治运动及文学创作上的大概风貌，当然其中是把她政治家的身份放在首位的，奈都夫人首先是以革命家的身份被中国学者所认识的。

　　奈都夫人的诗歌在民国时期也得到了翻译。糜文开于 20 世纪 40 年代开始翻译奈都夫人的诗，在其《译者弁言》（署名的时间是 1948 年 9 月 17 日）中介绍，他翻译奈都夫人的诗歌前后用去一年的时间。因为与奈都夫人相熟，所以糜文开译诗可谓有先天的优势，"原诗中有不能了解之处，就写信去问作者奈都夫人，奈都夫人到德里来时便当面去请教"[2]。其译诗的态度也是极为严谨的："我与榴

---

① 薇生：《印度女诗人娜伊杜》，《新女性》1927 年第 6 期，第 631~632 页。

② Mrs. Sarojini Naidu：《奈都夫人诗全集》，糜文开译，三民书局印行，1961，第 5 页。

丽译诗时，每译一首，即请著名英语教授许梦熊兄代为仔细校订，诗中有疑难的印地文，由榴丽查印地文字典，并请教印度朋友，遇有乌都文或阿刺伯文，则请教回教语文专家海维谅兄，遇有生僻的典故，我也不怕烦难的查阅印度历史及印度古今文献，最后也去请教作者自己。"①

译作出版时，奈都夫人亲自写的序言，其中强调了诗歌作为沟通中印友谊的桥梁作用：

> 人类的感情与经验，普天之下到处都相同的，虽然表现在种种不同的心灵之术语中。自古文学作品普遍地充溢着感动力与创造力，足以扶植国与国间的了解与友谊，我们印度人格外渴望与中华古国增进了解与友谊。中国的文化是过去年代的伟大光辉之一。她的为自由的奋斗，在这世界的当代历史中写成了特别动人的一章。②

罗家伦为译本题诗：

> 原来是美丽的英文，
> 珍珠似的圆润；
> 但是写出来的，
> 却是沉郁的印度心灵。
> 她有亡国的悲痛，
> 她有复国的精神；
> 她有女性的温存，
> 她有革命的热情；
> 她颗颗的珠泪，
> 滴进了未死的人心。
> 她砍下喜马拉雅山的龙竹，
> 把这支御笛做成，
> 在印度洋边和着潮音

---

① Mrs. Sarojini Naidu：《奈都夫人诗全集》，糜文开译，三民书局印行，1961，第 6 页。
② Mrs. Sarojini Naidu：《奈都夫人诗全集》，糜文开译，三民书局印行，1961，第 2 页。

吹出自由的新声。①

除了糜文开的译本，中国翻译奈都夫人诗歌的还有刘半农、冰心、吴岩等。其中吴岩翻译的数量最多，译作《金色的门槛》于 1994 年在上海译文出版社出版，比糜文开的译本少 51 首。瞿光辉写有介绍奈都夫人的文章《奈都夫人和她的诗》，发表于《书与人》2000 年第 1 期。

从译介来看，奈都夫人主要被当作一个革命家被介绍到中国，其政治热情和对民众的影响力得到更多的关注，而诗歌的成就并未得到应有的重视。

三　与民族国家融为一体的诗人

奈都夫人的诗歌主要有《金色的门槛》（*Golden Threshold*，1905）、《时间之鸟》（*The Bird of Time*）、《折断的翅膀》（*The Broken Wings*）、《青春的盛宴》（*The Feast of Youth*，1918）等。与 20 世纪初用自传记录女性个人生活的作者不同，奈都夫人的诗歌有着更加广阔的文化和社会视野，她的诗在激情的爱及秾丽的自然意象中，表达了诗人与祖国的紧密联系。

糜榴丽曾这样评价奈都夫人的诗歌："这三本诗集，她一方面吸收了印度民歌与古诗的情调，用纯熟的英文诗歌的技巧，表达于世界，一方面呼唤着印度国魂的苏醒，热情期望新印度的诞生。她的乐观的精神，鼓舞着印度青年用不灭的生命之力来承受苦难，为国家、人类光明而服务。"②"她的艰苦卓绝的事业并未把她男性化，她还是一个女性，她爱她的子女，她的朋友，她爱欢笑，爱谈天，她爱幽默。她在印度是一位交际最广的女主人。……奈都夫人在妇女运动方面，努力废除童婚和深闺制度。她要求女子在争取印度独立中，要和男子同样努力表现同等的能力。她要求印度的父母给女儿以顶好的教育，使她们努力向上，赶上时代去做女法官，女律师，女议员等。但千万不要忘掉去做一位贤妻良母。"③糜文开对奈都夫人非常欣赏，把她的文学地位与泰戈尔并列，称他们为"二十世纪前期印度诗坛之双星"：

---

① Mrs. Sarojini Naidu：《奈都夫人诗全集》，糜文开译，三民书局印行，1961，第 4 页。
② Mrs. Sarojini Naidu：《奈都夫人诗全集》，糜文开译，三民书局印行，1961，第 14 页
③ Mrs. Sarojini Naidu：《奈都夫人诗全集》，糜文开译，三民书局印行，1961，第 16 页

泰戈尔诗清新俊逸，毫无斧凿痕迹，如李白之飘飘欲仙，奈都夫人诗句炼字铸，意境深刻，如杜甫之切近实际，其作风虽殊异，而其技巧，则都已达高峰，而且两人同样表达了东方精神的极致，有其伟大的哲学思想的基础。其实奈都夫人诗热情的磅礴，气象的宏大，均为泰翁所缺，而她的斗争的精神，坚定的意志，尤足代表革命时代的印度。[①]

糜榴丽与父亲糜文开曾经与奈都夫人会见，他们译诗的过程中也多次与奈都夫人交流，因此，糜文开父女的评价能够启发我们更好地认识奈都夫人的诗歌风格。

奈都夫人在诗歌中大量运用了印度独有的自然风物——植物、动物、习俗、信仰等，这使其诗歌具有独特的印度色彩。她歌颂印度神话中远古的神灵，如创造之神伐楼那、大地女神普利提维、太阳神苏力耶（《收获颂歌》），也歌颂民间崇拜的蛇神，专门创作《蛇节》；很多诗歌来自民间歌谣，来自工人农民生活中的小调。这些因素使其诗歌流淌着印度文化的血液，让读者感受到她与印度历史和社会千丝万缕的联系。确实如艾德蒙·高斯（Edmund Gosse）所告诫她的那样，奈都夫人做到了"所描述的一切必须是印度的"[②]。

比如在《蛇节》中，作者向蛇神表达了热烈的歌颂和崇拜，把它们居住的榕树根称为神圣的，把它们的静止称为永恒智慧的入定，要"给你们献上牛奶和玉米，野生无花果和金黄蜂蜜，焚香把一切空气熏得神圣而又神圣，我们以斋戒的嘴唇祈祷，以热烈的心颂扬"[③]，并祈祷得到蛇神的保护。这首诗不是表达诗人个人的情感，而是洋溢着印度人对神的虔诚感情，诗人超越了小我，与整个印度一起呼吸，一起感受。她没有批判古老信仰的落后，而是在其中发现信仰的力量。

作为民族独立运动的积极参与者，奈都夫人在诗歌中也表达了对祖国印度的深情，对民族独立的希望，对印度人民的鼓励。

《给印度》：

> 哦，经过了你记不清的漫长年代，你还是年青

---

①　Mrs. Sarojini Naidu：《奈都夫人诗全集》，糜文开译，三民书局印行，1961，第 20 页。

②　Padmini Sengupta, *Sorojini Naidu*, Sahitya Akademi, 1974. p. 95.

③　〔印〕萨罗吉妮·奈都：《金色的门槛》，吴岩译，上海译文出版社，1994，第 80 页。

起来，母亲，起来，从你颓丧中更生，
像一个新娘高配着天体，
从不老的胎房，新的光辉临盆！
桎梏着的国度在黑暗中哀鸣，
渴望你引导他们趋向伟大的黎明……
母亲，哦，母亲，你缘何酣睡？
起来，回答，为了你的一群小孩！

"将来"用种种的声音在叫你，
去获得美誉，光辉和伟大的胜利。
醒来啊，哦，睡着的母亲，戴上皇冠，
你原是至尊无上的"过去"女皇帝。（糜文开译）

《致印度》：

啊，经历了太古以来的岁月，依旧年纪轻轻，
站起来，母亲，站起来，从忧患中重新再生，
像一个新娘，高攀太空的星星，
从你不老子宫获得新生命繁荣昌盛。

各个民族在失去自由的黑暗中哭泣哀哀，
渴望你领导他们走向伟大晨光破晓的地方，
母亲啊母亲，你为什么沉沉酣睡？
为了你子女的缘故，站起来，重任担当。

你的前途，用多种多样的声音，
呼唤你走向伊斯兰的荣誉、光彩和巨大胜利，
你曾经是独立自主的往昔的王后，沉睡的母亲，
清醒过来吧，去迎接新的加冕大喜。（吴岩译）

奈都夫人对印度的未来充满希望，她用诗歌鼓舞印度人民起来奋斗，为未来

的新印度做出奉献。在《印度的奉献》一诗中，诗人以祖国印度的口吻，对未来的印度人说道：

> 将来仇恨的恐惧与骚乱停止，
> 生活在和平的铁砧上重新锻制，
> 你的深情热爱，将向那在无畏行列里
> 战斗的伙伴，敬致悼念的谢意，
> 你把光荣归于不朽先烈的功勋，
> 牢记我的儿子们当年流血牺牲。①

奈都夫人在诗歌中不仅歌颂了为祖国奉献的英雄，表达了为祖国奋斗的热情，她也写了激情洋溢的爱情诗，甚至还有探讨生与死的哲理诗。她以广阔的视野，描摹了丰富的印度生活和印度民族的情感。奈都夫人是用英语写作的，其成长经历中也有西方文化的影响，但其诗歌却表达了她对印度文化的认同。她在民族的生活中，找到了自我情感的出口。

与 20 世纪初的印度女性文学相比，奈都夫人代表了新的女性文学的方向。

19 世纪末 20 世纪初是印度女性解放的发轫期，在社会改革家的倡导之下，女性对自我的教育问题、生存问题有了新的看法和追求，她们逐步意识到传统文化对女性的禁锢。这时期的女性活动和写作也把揭露传统对女性的戕害作为重要的主题。印度女性的觉醒与印度社会自身的现代化变革密切相连，同时也离不开西方思想的渗透，西方知识、思想与印度传统同时作用于世纪之交的印度女性，共同促进了 20 世纪初印度的女性解放和女性写作。

20 世纪之初，印度女性文学处于发轫期，女性写作以自传性的小说为主，接受了现代文化启蒙的女性拿起笔，首先想到的是书写个人的生活，因此在文学领域，一方面出现了很多自传，另一方面，虚构的小说也大多具有很强的自传色彩。如英语作家库鲁帕巴依·萨提亚纳丹（*Krupabai Satthianadhan*，1862—1894）的《卡玛拉》（*Kamala：The Story of a Hindu Child-Wife*，1894），《萨谷娜：本地基督教徒的生活》（*Saguna：A Story of Native Christian Life*，1895），孟加拉语作家拉苏达蕊·黛维 Rassundari Devi（1810—?）《我的生活》（*AMAR JIBAN/ my life*）等。

---

① 〔印〕萨罗吉妮·奈都：《金色的门槛》，吴岩译，上海译文出版社，1994，第 102 页。

她们的写作详尽地描写了个人生活，"19世纪末20世纪初，有大量的女性自传写作，有的作品出版了，有的没有，其数量令人震惊。特别是在孟加拉语和马拉缇语中。她们的书写是那个时代的社会改革，价值观的变化，个人价值被提倡的证明"[①]。"当我们阅读这些文本时，我们会发现当时所有的宏伟概念——帝国、人性、道德责任、传统、民族主义、印度性、男子气，每个都与女性问题息息相关——在这些正在变化的主体的镜子中呈现出来"[②]。她们从个人体验出发，记录了传统习俗及宗教文化对女性的压抑，因此对印度社会和文化传统的批判是大多数作品的主题。

与之相比，奈都夫人的诗作明显在批判性上较弱。在民族主义思想的影响下，接受了西方文学和文化影响的奈都夫人毫不犹豫地与自己的祖国站在了一起。她接受了印度革命者的引导，把自己的人生献给祖国印度。她虽然看到了印度的苦难，但抒情的歌喉使其表达了哀伤和感叹，并未对传统的沉疴展开批判。从这个意义上来说，她代表了民族独立时期印度女性文学的总体特质。女性走出家庭，走上街头，参与到社会运动之中，承担了重要的社会责任。女性力量的地位提高了，但女性意识也相对弱化了，性别问题自动屈从于民族的命运，为了民族和国家与男人一起战斗，成为时代的最强音。在奈都夫人之后，随着20世纪70年代第二次女性解放运动的到来，印度女作家重新注意到性别问题的严峻性，重拾批判和解构传统的大旗。

---

① Susie Tharu & K. Lalita, *Women Writing in India：600 B. C. to the Present*, V1, New York：the Feminist Press, 1990. p. 160.

② Susie Tharu & K. Lalita, *Women Writing in India：600 B. C. to the Present*, V1, New York：the Feminist Press, 1990. p. 153.

《燕赵文化研究》第 2 辑
第 128~138 页

芥川文学中的"人面兽"形象探析

刘九令*

摘　要: 日本近代著名作家芥川龙之介在其创作的小说中,采用比喻、隐喻等手法塑造了多个"人面兽"的形象。本文通过对这些形象的解读和综合分析发现,芥川用他的文学阐释了他"人即兽"的人性观,同时,他通过这些形象表达了一个"生之苦"主题,这为我们理解他的作品及其最终的生命终结方式提供了一个全新的视角。

关键词: 芥川龙之介　人面兽　人性　兽性

引　言

芥川龙之介是日本近代最著名的作家之一,一生中创作了大量的文学作品,他在留给世人最后的文字中这样写道:

> 我们人类,因为都是作为人的动物,因此都具有动物性的本能而害怕死亡。所谓"生命力",实际不过是动物本能的别称。我自己也是一只人面兽。但是,从倦于食色这一点来看,我恐怕已经逐渐丧失动物的本能。我如今所赖以生存的,是一个具有病态神经的世界,宛如冰窟窿那样,寒冰透骨。昨天晚上,我与一个妓女谈起她的工资(!)深感我们人类"为了生存而生存"的悲哀。①

---

* 作者简介:刘九令,文学博士,长江师范学院外国语学院副教授,硕士生导师。主要从事日本文学、中日比较文学研究。

① 〔日〕芥川龙之介著《芥川龙之介全集》第 5 卷,高慧勤、魏大海主编,山东文艺出版社,2005,第 686 页。

作为与世界诀别的宣言，这是芥川以自己的生命体验对人的本质认识的最终总结。概括起来，他认为人就是动物，人的生命力就是为了生存。纵观他所创作的作品，描写像动物一样艰难地活着的人物在小说中大量存在，诉说着人类"为了生存而生存的悲哀"的主题。作品除了塑造具象的半人半兽形象之外，更多的是用比喻、隐喻的文学手法塑造一个个抽象的"人面兽"形象。

芥川作为学界的热门研究对象，其研究成果数量之巨，几乎无法计数。不过，据笔者所集资料，对于芥川作品中"人面兽"形象进行深入细致的综合考察的尚未见。基于此，本文拟对他作品中代表性的"人面兽"形象进行深入分析，揭示其文学意义与内在的思想性。

一 人面马腿的外派职员

《马腿》发表于大正 14 年（1925），是芥川比较有代表性的"人面兽"的小说。小说的主人公名叫忍野半三郎，是日本某公司驻中国北京的职员，与妻子常子生活在一起。某日，忽得脑淤血猝死，后经冥界审判，被发现抓错了。因死亡日久，返回阳界之前不得不用马腿来换掉已经腐烂掉的真腿。重返阳界的半三郎为了掩盖自己马腿的事实，开始了惶惶不安的生活。

小说特色之一就是将故事的舞台设定在中国。第一，工作地点为北京，是中国的首都。第二，冥界审判的主角是两个中国人，模拟成中国文化中的阴曹地府的人物。第三，主人公因受到来自蒙古的黄沙刺激开始发狂，理由是马腿是产自蒙古，经由张家口、锦州的蒙古库仑马。如果说上述理由是比较具体的中国元素的话，那么事实上故事还隐藏着一个比较抽象的中国文化元素，那就是故事的原型。冥界错判、阴界还阳、安置异肢等情节，在中国的志怪小说中十分常见。如，《太平广记》中"士人甲"：

> 晋元帝世。有甲者。衣冠族姓。暴病亡。见人将上天。诣司命。司命更推校。算历未尽。不应枉召。主者发官遣令还。甲尤脚痛。不能行。无缘得归。主者数人共愁。相谓曰。甲若以脚痛不能归。我等坐枉人之罪。遂相率具白司命。司命思之良久。曰。适新召胡人康乙者。在西门外。此人遂当死。其脚甚健。易之。彼此无损。主者承教。将易之。胡形体甚丑。脚殊可恶。甲终不肯。主者曰。君若不易。便长决留此耳。不获已。遂听之。主人令二

并闭目。倏忽。二人脚。已各易矣。仍即遣之。豁然复生。具为家人说。发视。果是胡脚。从毛连结。且胡臭。甲本士。爱玩手足。而忽得此。了不欲见。虽获更活。每惆怅。殆欲如死。……虽是三伏盛暑。必复重衣。无暂露也。出幽明录。①

芥川的创作是否借鉴了这个故事不得而知，本文亦不做考证，但是从枉死、入冥、复生、易脚、脚多毛奇臭、遮掩避人等情节来看，二者极为相似。因此说，芥川将这一特殊的"人面兽"形象置于中国文化的场景之中，是故事的重要特色之一。

《马腿》中对"人面兽"形象中兽性的侧面塑造，主要从两个方面展开。

第一，马腿的外在特征。关于马腿，有多处描写。如，马腿刚刚拿来之前，"这时候，那个年轻的部下拎着两条马腿不知道又从哪儿回来了，那样子就像是宾馆的招待提着一双长皮靴"，直观形象上和皮靴相似。再如，腿上寄居了很多跳蚤，"我的两条腿可以说都成跳蚤窝，我今天办公的时候两腿也痒得差点发疯"。又如，马腿的气味，"那个经理在谈话的时候老是抽鼻子，好像是我腿上的臭气从长靴子里透出来了"。还如，马腿脱毛，"衬裤、内裤和袜子上总是沾满马毛"这些外在特征，从形状、卫生、气味、脱毛等角度予以勾勒，具有一定的直观性。

第二，马腿的生理本能。与外表特征相比，对马腿生理本能的描写更为精彩。如，速度方面，由于半三郎办急事，"一瞬间我的脚从七级台阶上踩空了"；性情方面，因与人力车夫争执，"一脚把车夫踹翻了，踢得车夫就像在空中飞的足球"；被驾驭的本能方面，在书店外面一个车夫，冲着自己的马喊"哨、哨"倒车的时候，"我正在旧书店前的两只脚就开始交替着往后退"；故乡的气息与性冲动方面，三月末的一个下午，半三郎的腿不自觉地要蹦要跳起来，因为蒙古吹到北京来的沙尘暴使它闻到了家乡的气息，加之此时正是马儿交配的季节，在乡情和性欲的双重作用下，他的腿变得十分不安分，甚至"在公司的时候也像跳舞一样，不住地转圈蹦跳"。这些情节将嫁接在半三郎身上的马腿的生理本能惟妙惟肖地刻画出来，让人读起来忍俊不禁。

在人特征的刻画方面，主要集中在与周围人之间的关系上。半三郎遭遇到了

---

① （宋）李昉等编《太平广记》，中华书局，1961，第 2993~2294 页。

安装马腿的身体上的不幸，更糟糕的是由此带来的心理上的煎熬与折磨，而这种心理上的伤害主要来自周围人之间关系上的变化。为了能够继续很好地工作下去，首先要考虑与同事相处的问题。正如他想的那样，"要是哪天自己的马腿被公司的人发现了的话会被开除的。同僚也肯定再也不愿意和自己交往了"，于是半三郎为了掩盖自己安装了马脚的事，"首先要避开的是同僚的怀疑"。尽管，他想尽各种办法进行遮掩，但是和经理谈工作的时候，经理不断地抽鼻子，靴子里散发出的臭味还是使他差点"露出了马脚"，这让他既羞耻又担心。

除了公司的同事之外，如何面对朝夕相处的枕边人常子是最让半三郎绞尽脑汁的事情。被安装上马腿之后，半三郎浮现在脑海里的一个念头就是"常子恐怕也会和其他人一样，不愿意一个长着马腿的男人当自己的丈夫吧"，于是在家庭生活中处处小心谨慎。例如，衣着上不穿和服而是一直穿着长筒靴；将和式房间改成洋式的，避免因脱鞋而暴露的危险；将心爱的双人床换掉；睡觉不脱衬裤和袜子。而常子微笑的变化也从侧面验证了半三郎的尴尬处境。作品中多次提到了常子微笑，如开篇之际，"常子算不上漂亮，可也不算丑，圆圆胖胖的脸上老是露着笑容"，"除了从奉天到北京的途中被臭虫咬的时候之外，她什么时候都是笑呵呵的"，可见常子是一个谦逊和蔼的传统日本女性。当半三郎在马的兽性本能驱使下开始发狂的时候，"常子连平时一直挂在脸上的微笑都忘了"，一向沉着冷静的常子忘却了微笑，一方面说明常子的内心焦急，另一方面也说明了半三郎露出兽相时令人惊恐的情形。半三郎迎着蒙古的黄沙奔走消失半年的光景里，"常子的嘴边到现在仍然没有浮现出那永远的微笑"，可见半三郎被安装了马脚之后给爱妻带来的巨大创痛。半三郎回来之后，常子试图将长久的思念化成拥抱之时，看到了长满毛的马腿之后，顿生厌恶，便犹豫起来。当最后鼓足勇气想再次拥抱的时候，丈夫已经转身离开了。可以说，尽管半三郎被安装上了马脚，在马本能的作用下做出了许多在人类看来怪诞离奇之事，但是他还有羞耻、亲情、恐惧等诸多人类的情感，正是这种人类的感情，使得半三郎的处境越发令人可怜。

《马腿》中半三郎是一个既长着人类面孔拥有人类情感，又长着马腿受着野兽本能左右的矛盾混合体。芥川借用了半三郎这样一个"人面兽"形象，揭示了人类虽然要在特定的锁链圈定的规则和秩序内活着，但内心却向往着自由而本能地活着这样一个矛盾的现实。

二　人生如鼠的流浪艺人

同样将故事舞台设定在中国的还有短篇小说《仙人》。该小说发表于大正 4 年（1915）。作品中的主要人物有卖艺人李小二、演员小老鼠和化身的仙人。作品中多处运用了暗喻的手法，将食不果腹、居无定所的卖艺人的苦难命运用卑微的老鼠作比拟，成功地塑造了一个凄惨悲凉的"人面兽"形象。

在称呼上，"李小二"这个名字在中国文化里就是一个地位低下的代称。仅仅以排行来称呼，这和古代饭庄打杂的人"店小二"一样。这样卑贱的人物还为老鼠们安上了家人的名字，"小二共有五个鼠角儿。他将自己家人的名字，分别安在五个鼠角儿身上。其中有父亲、母亲、妻子和两个不知去向的儿子"。可以看出，一方面李小二将与自己相依为命的老鼠们视为家人，另一方面也暗示李小二和他的家人一样，就是一只老鼠。这里不难看出，作者在称呼上已经将李小二比拟成了老鼠。

在生存的客观环境中，李小二的世界与老鼠的世界极为相似。如，"这些倒霉的时候，小二也想不出什么办法，只好窝在阴暗的客栈角落里"，而"阴暗""角落"不正是老鼠们的藏身之处吗？另外，"这些小鼠角儿们一只只爬出口袋，在没有炉火的房间中战战兢兢地走动"，没有炉火的房间与前面"阴暗的客栈角落"形成了类似互文的关系，这两种凄凉的生活氛围相互比拟，相互衬托，强化了"艺人如鼠"的真实感。文中还用了"战战兢兢"这样一个拟态词来形容老鼠的神态，这也正是李小二在朝不保夕的生活中为自己将来担心害怕的真实心理状态的曲折表达。在另外一个场景——山神庙中，李小二的世界与老鼠的世界再次交织融合在一起。对山神庙的描写，如"里面不像他所想像的那么宽敞""正面的一尊金甲山神，尘封于蛛网之中浑然地等候夜黑""昏暗的光线中原本难于分辨"，寥寥几笔，将山神庙狭小、破败、昏暗的特征清晰地刻画出来了。这种环境与鼠窝十分类似，"李小二此时仿佛失却了五感，木然地跟随着走进庙中。地上全是老鼠的粪便与灰尘"，这一句话揭开了山神庙与鼠窝之间对等的关系。

除了环境之外，李小二的人生境遇与小老鼠并无二致。小老鼠作为李小二演出的道具，表演时，"它急匆匆地走上舞台，将那丝绢一般闪亮的尾巴煞有介事地晃了晃，然后小心翼翼地仅用后足站立起来"，这种强作欢颜、颇费力气的表演，虽然赢得了充满好奇心的孩童的掌声，而"大人们的脸上却没有表情。这种破戏有什么看头？有人冷冷地叼着大烟袋，有人则一根一根地扯着鼻毛，反正多以轻蔑的表情，凝视着舞台上来去周旋的老鼠角色"。大人们对老鼠表演的冷漠与轻蔑的表情，暗喻着李小二这一卖艺人职业遭人冷遇的现实。尽管偶尔的表演会赚得一破盆的铜钱，但是这种收入十分不稳定，"然而靠这种营生糊口绝非易事。遇到十个八个阴雨天，就得饿肚子。夏天的麦熟时节之后，时常进入降雨期。那些小戏装和面具，不定时便会霉点斑斑。冬天时而刮风时而下雪，生意也会经常泡汤"。这种艰苦的表演还要受天气影响，命运充满了变数。此外，李小二与老鼠一样，经常食不果腹。一个风雪之日，小二在客栈的居室中饥肠辘辘。他对五只老鼠说，"忍着吧。我也是腹中空空。多么寒冷的天气。反正要想活着，就得受苦。没什么奇怪的。其实，我们人类比你们鼠类，更加苦难深重呀"。在生的苦难方面，李小二也将老鼠和自己相对比，并慨叹自己的苦难犹胜鼠类。不仅如此，李小二甚至模糊了自己与老鼠之间的豢养关系，常苦苦思量，"真的是我在靠老鼠戏班子混饭吃吗，还是老鼠戏子们在支配着我，靠我来谋生呢"，这种怀疑的心情更加同化了两者共同的命运，同时客观上也加重了李小二与老鼠之间的暗喻关系。

《仙人》中的李小二是一个为了生存努力挣扎的流浪艺人，像老鼠一样生活在人间的底层，遭受着世间的蔑视与冷遇，并且衣食无着，朝不保夕。芥川龙之介在作品中通过李小二与老鼠之间的暗喻关系，塑造了李小二这样的"人面兽"形象，表达了人类生之苦的主题。

三 命运如狗的落魄仆人

芥川龙之介于大正4年（1915）在《帝国文学》杂志上发表了小说《罗生门》。小说虽然取材于《今昔物语集》，但在主题思想、人物形象等方面却大大超越了原作。《罗生门》中讲述的是一个被主人解雇的仆人，饥寒交迫，在罗生门下游走于死亡的边缘。对于他来说，若想活下去，只有为盗一途，而内心的道德感却不断地压抑着这种罪恶的想法。后来，他听到一个为了自己活命而拔死人头发的老太婆的辩解，为盗的罪恶感瞬间烟消云散，毫不犹豫地扒下她的衣服，趁夜色遁去。

可以说，故事围绕着人类亘古以来共有的生存母题展开。这篇小说虚构的世界是人兽混杂共生的世界，在这世界里，上演着一幕幕为了存活而在本能的驱使下互相争夺的血腥戏码。在这种残酷的表演中，仆人"人面兽"的形象变得愈加鲜活。

首先，作者将人类生存的社会环境虚设成了人兽共生的野蛮之境。由于京城两三年来一直遭受着地震、狂风、大火、饥荒等灾害，因此呈现出极度凋敝荒凉之景象。尤其，连佛具和佛像都被砸掉，暗示作为上层建筑的王法与宗教完全崩溃，失去了对人的控制和约束，这也为后文中仆人的生存本能最终击毁脆弱的伦理道德预设了铺垫。昆虫野兽与人类平等地分享着恶劣的生存空间。如，一只趴在粗大的门柱上的蟋蟀，与罗生门下孤零零伫立的仆人形成了和谐统一的风景。这作为一种隐喻，暗示着仆人的野性特征与孤寂无助的内心，同时也成为野兽出场的重要象征之一。另外，狐狸的亮相也颇具深意。文中这样写道："罗生门的荒敞倒是便宜了狐狸，它们开始做窝于此。盗匪也不时来此落脚。"① 而日文原文则是这样的："するとその荒れ果てたのをよいことにして、狐狸が棲む。盗人が棲む。"② 一方面，狐狸可以在罗生门这样人类居住的地方安家落户，足以说明此处之凄凉与冷清。另一方面，日文中狐狸和盗人后面的谓语动词，都用了"棲む"，可见这里的狐狸已经和人类取得了平等的生存地位。乌鸦的出场则更加赤裸裸地说明了一个兽吃人的事实。故事写道："尤其在罗生门晚霞映红的天空中，一只只乌鸦明晰可辨，仿佛天幕上洒下的一把芝麻。当然，乌鸦是来啄食门上死人肉的。"③ 乌鸦以庞大的数量盘踞在罗生门这样一个空间中，其势头似乎压倒了人类，而人类呢？只是僵硬地躺在那里，任凭乌鸦的肆意啄食。这一景象颠覆了人类是世界的主宰的认知，人类被置于兽类的下位。总之，无论是与仆人为伴的蟋蟀，还是与人"和谐共生"的狐狸，抑或是食人的乌鸦，人与兽总是并列出场，这都在说明人与兽的同质性。

其次，作品还以猴子一样的老太婆作为配角，烘托仆人的存在。仆人在城门口发现了一个正在拔死人头发的老太婆。关于这个老太婆的出场，作品中是这样写的："突然之间，仆人看见尸骸中蹲着一个人，是一个白发老姬，瘦骨嶙峋，身材矮小，身着丝柏皮色的衣物，像一只猴子……老姬将松枝插在地板缝隙间，双手捧起眼前的尸骸脖颈，像母猴在为小猴捉拿虱子，一根一根地拽揪长发。老姬

---

① 〔日〕芥川龙之介著《芥川龙之介全集》第 1 卷，高慧勤、魏大海主编，山东文艺出版社，2005，第 28 页。

② 〔日〕芥川龙之介：《芥川龙之介全集》第 1 卷，日本岩波书店，1977，第 127 页。

③ 〔日〕芥川龙之介著《芥川龙之介全集》第 1 卷，高慧勤、魏大海主编，山东文艺出版社，2005，第 28 页。

顺势地揪着,仿佛全无人类意识。"① 这里两次将老太婆比喻成猴子,并且还指出在揪头发时全无人类意识,可见作者抹去了老太婆的人类特征,与禽兽猴子等量齐观。在表现人性泯灭方面,最主要的表现还是老太婆与死人之间的同类相残。死人因瘟疫丢失性命,原本已经十分可怜,死后还遭到同类的拔头发辱尸,可见人与禽兽并无大异。因此,这里的老太婆也是一种"人面兽"的象征,在文本的小系统中可以视为独立存在。若从整体来看,老太婆的存在,是仆人打破道德束缚的关键,她的行为和语言像是一种催化剂,将仆人内心原始的生存本能一下子激发出来,促成了他由人向兽的蜕变。

最后,通过心理和行动,刻画了仆人"人面兽"的形象。仆人被主人辞退,失去了饭碗,无处可去。加之,祸不单行,淫雨霏霏,他只能蜷缩在罗生门下,思考着如何活下去。在他的内心,希望雨能停歇,但是即便是雨停了,也无事可做,一种为明日生计担忧的思绪让他烦乱不已。这种矛盾的内心,为他后来的为盗埋下了伏笔。另外,关于活着的手段,他的内心也十分纠结:"穷途末路中,只想要摆脱困厄,哪里顾得上选择手段?挑三拣四,就只有等待饿死在墙边或路旁,或者被抬到罗生门上,像野狗一样被人丢弃。"② 即便如此,他对自己成为盗匪依然没有斩钉截铁的态度。当他看到拔死人头发的老太婆,对其产生了极度的憎恶,"勿宁说,那是一种与时俱增的、对于所有邪恶的强烈反感。仆人伫立门下时苦思冥想的,是饿死、为盗二者择其一。然而此时再要提及那般选择,仆人将毫无迟疑地选择饿死",这种心理将他内心的天平倾向了饿死,回归人伦与道德。行动方面,上城楼时,"一个男人猫也似的蜷身屏息,窥测这楼上的状态";继续往上爬时,"他像壁虎似的蹑手蹑脚,总算是爬上了陡峭楼梯的最高层",这里用了猫和壁虎行为来形容他行为的小心翼翼。当他发现城楼上的人是一个手无缚鸡之力的老太婆时,"一把抓住老妪的手腕,粗鲁地将她扭倒在地",听完她的辩解之后,"三下两下揪下了老妪的衣物,将踉跄的老妪一脚踢进了死骸堆中"。正如前文所描述的那样,没有主子的仆人被比喻成了没有主人的流浪狗,十分恰当。当穷途末路之时,垂头丧气,小心翼翼,一旦发现对方是弱者之时,便凶相毕露,欺凌弱者。可以说,芥川将仆人比喻成野狗也在暗示着,其后来挣脱伦理道德的束缚,在野兽的本能支配下采取行动。这里的仆人正是典型的"人面兽"形象。可以说,

① 〔日〕芥川龙之介著《芥川龙之介全集》第 1 卷,高慧勤、魏大海主编,山东文艺出版社,2005,第 31 页。
② 〔日〕芥川龙之介著《芥川龙之介全集》第 1 卷,高慧勤、魏大海主编,山东文艺出版社,2005,第 29 页。

这一比喻是小说主题的关键词之一。从行为上看，仆人曾经厌恶为盗的行径，但是为了生存下去，竟然拔刀指向与自己有着同样命运的老太婆，以强凌弱。这种为了生存而展开的卑劣争夺，既是仆人与老太婆之间的人类相争，也是野狗与母猴之间的兽类相残。

可以说，芥川在小说《罗生门》中，虚构了一个人兽共生的特殊空间。在这一世界里，通过多处比喻，将人与动物等同视之，并且通过登场人物，尤其是仆人的行为揭示出潜藏在人类体内的禽兽本能，即长着人类的面孔却受禽兽基因的支配。另外，小说还触及"弱肉强食"的森林法则，这一法则不仅存在于动物界，也存在于冰冷的社会。

四　身似猿猴的画师良秀

在发表于大正 7 年（1918）的另一部作品《地狱变》中，芥川成功地塑造了又一个"人面兽"形象——猿猴良秀。

良秀是堀川大公府上的一名画师，画技精湛。芥川从多个角度对这一形象进行了刻画。

首先，外貌上。良秀年龄约五十岁，身材矮小，瘦骨嶙峋，这大致勾勒出了良秀的"瘦猴"轮廓。"他的嘴唇不像老人，过分地红润扎眼，像野兽般令人恶心。"从嘴唇的颜色角度，将其外貌特征向野兽形象上靠拢。其举动也被周围人说成像猴子一样。

其次，以真猴指代良秀。丹波国献上了一只驯化的猴子，府上的少爷便直接将其取名为"良秀"。此外，人们戏耍猴子的时候，不断地称其为"良秀"。久而久之，即便是自己的女儿每当看到小猴子被欺负的时候，就感觉仿佛是自己的父亲受到欺凌，本能地加以保护。如，当少爷追打偷吃柑子的小猴子的时候，良秀的女儿就替猴子辩解，说"只是一个畜生嘛"，并且还说，"一听良秀，总觉得是喊父亲，我怎能视若不见呢"。少爷便说"是么？若是给你老爸求情，我便饶了它"。足见，良秀的女儿同样将猿猴视为父亲。

再次，以猴子的境遇暗喻良秀处境。如果说在称呼上用猴子指代画师良秀十分直白的话，那么以猴子的种种悲惨的遭遇来比拟良秀的人生窘境则显得较为隐蔽。猴子是被"驯服"的，而刚入府的良秀"神态谦卑"，这是以隐喻的形式暗藏在文本中的呼应。另外，人们对其极尽虐待之能事，要么让它爬松树，要么让它挪动草席。这里人们戏耍猴子的种种行为，正是堀川大公玩弄折磨良秀的象征。对猴子来说，人类是绝对控制着它的，无法违背。同样，对于御用画师良秀来说，在像"秦始皇""隋炀帝"这样连鬼都惧怕三分的强势大公面前，良秀实在是弱势。如，良秀拜见大公时需"奉旨觐见"，而见到大公之时，"恭敬地匍匐堂前"，从这些行为中可以看出良秀地位之低微。而大公的态度要么"脸上浮现出嘲弄一般的微笑"，要么"不知何故流露出喜悦之色"，要么"面色黯然。可突然间哈哈大笑起来"，这种喜怒无常的大笑与良秀的拘谨形成了鲜明的对照，凸显了大公的高高在上。更重要的是，大公让良秀画出地狱变相图竟然是为了惩治良秀的"邪恶根性"，可见大公并没有视良秀之生命为人命。不仅如此，故事中还有一处暗示着小猴子与良秀的类同。良秀女儿在火中被烧时，小猴子窜进火场"一把抱住了反绑双手的姑娘肩头，随着极端痛苦、撕心裂肺的一声尖叫，飞扬起一缕细长的烟云"。良秀就在火场外面围观，虽然"那皱纹密布的脸上浮现出令人费解的光辉"，但其内心的真正感受应该像猴子一样，去紧紧地拥抱自己的女儿，因为女儿是他世间唯一珍视的人。故事的结局是，良秀悬梁自尽。他无法在地狱般的人世间苟延残喘，最终赴黄泉路追随女儿。通过多个事件的描述可以看出，猴子的行为与命运都暗示着良秀的命运，良秀的形象表面上是以作画为生的画师，在堀川大公眼里却是一个任其欺凌和玩弄的猴子。

最后，良秀具有人与兽的双重性格。良秀除了与猴子类似之外，还表现出了其他方面的"人性"与"兽性"。作品中良秀的人情味主要体现为他对女儿的爱。正如故事中写的那样，"然而正是这令人颦蹙的霸道良秀，却也保留着唯一人类情爱"。他对女儿的怜爱表现得近似疯狂，对女儿关心备至，连女儿的衣着和首饰这样的细琐之事都要负责。对寺院的化缘乞讨他铁公鸡一毛不拔，对女儿的要求却从不计较。无论是谁说女儿的坏话，他都要找人将其毒打一顿。此外，前面提到的女儿在火中被烧时，小猴子不顾安危冲进火场，紧紧拥抱着她，这也恰恰是他对女儿情爱的表现，因为猴子就是良秀。除了女儿之外，他对弟子表现出的却多是作为禽兽冷酷残忍的一面。如，为了作画写实的需要，竟然用铁链捆绑弟子，使其受尽折磨。另外，还让饲养的大鸟扑咬弟子，冷眼旁观惨烈的情景，将其纳入自己作品之中。当然，故事中出现的毒蛇和大鸟正是他禽兽心肠的一种象征。

可以说，芥川笔下的良秀是一个被欺凌的猴子的形象，值得同情。而从另一方面看，良秀对待弱者却又表现出极度残忍的本性，令人痛恶。小说还从父性的角度展现出其对女儿近乎偏执的人性之爱。良秀是一个集兽性与人性为一体的二元对立的复合体，体现了人类复杂的本性。

结　语

上述作品中的主人公都生活在一个冷漠得近乎残酷的社会中，正如芥川在遗书中说的那样，"我如今所赖以生存的，是一个具有病态神经的世界，宛如冰窟窿那样，寒冰透骨"，有些人卑微得像野兽一样地苟且活下去，有的被迫与世诀别，有的不知所踪，这些都是生的悲哀。

通过前文的论述可以发现，芥川的许多作品都是对人性与生存问题的思考。一方面将人性与兽类进行对比，认为人就是"人面兽"，揭示人性中兽性的一面；另一方面，对于人类生存之艰难进行了深刻的揭示，认为人间就是地狱。这是芥川作品一贯宣传的文学思想的最重要侧面，也是他作品高度高于一般作家的重要体现。在文学手法上，芥川在上述作品中，既大胆地虚构了一个"人面马脚"这样的人物，又借用暗喻的手法，比较隐晦地刻画了多个"人面兽"的形象，这种手法的运用使人物变得更为多样，并且含蓄深刻。这一手法也是芥川惯用的，是他能够成功塑造人物形象、深刻表达主题的重要法宝之一。在今后的芥川研究中，除了应对他作品的思想继续深入认识之外，对其文学表现手法也应该继续着力。

《燕赵文化研究》第 2 辑
第 139~146 页

德夫达斯：印度的哈姆雷特*

陈嘉豪**

摘　要：萨拉特的小说《德夫达斯》书写了三位主人公之间的爱情悲剧，百年来深受几代印度读者的喜爱，经久不衰。作品创作了德夫达斯、帕尔瓦蒂、钱德拉穆琪等一系列经典形象，但其中最引人注目的就是被誉为"印度的哈姆雷特"的德夫达斯。本文试从印度社会历史背景、德夫达斯个人性格以及萨拉特人道主义创作倾向等方面分析德夫达斯悲剧结局的成因，借此探讨这一形象经久不衰的魅力所在。

关键词：萨拉特·钱德拉·查特吉　《德夫达斯》　印度文学

引　言

　　萨拉特·钱德拉·查特吉（Sarat Chandra Chattopadhyay）是印度孟加拉语作家，在印度现代文学史上的地位仅次于著名作家、诗人泰戈尔[①]，印度读者将其誉为"故事大师"（Katha Sahiyik）。《德夫达斯》（*Devdas*）是萨拉特于 1917 年创作的中篇小说，小说主线讲述主人公德夫达斯与青梅竹马的帕尔瓦蒂（Parvati）因为社会压力以及个人的迟疑而分离，最终生死两隔的故事。这部小说因其浪漫而悲伤的爱情故事自出版后深受印度读者喜爱。由于带有萨拉特作品典型的故事性和戏剧效果，这部小说自 1928 年被改编为默片起，截至 2018 年基于德夫达斯故事大幅度创新的爱情惊悚电影 *Daas Dev* 问世，先后共有孟加拉语、印地语、阿萨姆

　　*　本文系河北师范大学研究生创新资助项目"印度文学形象的颠覆与重塑——奇坦·巴哈特小说'叛逆者'形象研究"的阶段性成果。

　**　作者简介：陈嘉豪，河北师范大学文学院硕士研究生，主要从事印度文学研究。

[①]　〔印〕萨拉特·钱德拉·查特吉：《斯里甘特·前言》，石真译，人民文学出版社，1981，第 1 页。

语、泰卢固语、泰米尔语、乌尔都语、马拉雅姆语等 7 种语言的 19 个版本的影视改编作品问世，足以证明《德夫达斯》强大的影响力及生命力。这部小说塑造了在印度文学史以及电影史上都不可忽视的经典形象"印度的哈姆雷特"（Hindu-Hamlet）德夫达斯①。本文将围绕印度社会历史背景、德夫达斯个性特点以及萨拉特的人道主义创作倾向等方面探讨主人公悲剧结局的成因，以期挖掘这一形象经久不衰的魅力所在。

一 悲剧的外因：家庭与爱情的两难

在印度传统当中，爱情并不是婚姻的必要因素，种姓、阶级相配并且符合家庭意愿的婚姻才是受到祝福的。《摩奴法典》中规定了婚姻制度中严格的种姓、择偶条件，并且明确要求男女之间的婚姻要受到家庭的监督："有见识的男子不应娶一个兄弟或其父不知为何人的女子。"② 德夫达斯的爱情亦然，从客观因素分析，传统印度教家庭的门第观念是这场爱情悲剧的导火线，而父权的专制则将德夫达斯推向了自我毁灭之门。在这两者面前，人的选择与欲望变得微不足道，德夫达斯对爱情的执着反而成为将他置于死地的毒药。

《德夫达斯》的故事背景是 20 世纪初，彼时印度已完全沦为英殖民地，西方先进科技工业、思想文化如洪水般侵入，资本主义价值观同印度教传统文化展开了持久的对峙。德夫达斯出身富有的婆罗门家庭，即便在加尔各答接受了先进教育的熏陶，印度社会强大的传统道德仍旧束缚着他，这种冲突造成了他的矛盾性。虽然帕尔瓦蒂出身婆罗门家庭，但在当时背景下，印度传统中种姓与职业的联系性日益瓦解，"现代工业的发展，破坏了旧的以种姓为基础的分工体制"③，这种趋势强化了门第观念在婚姻中的重要性。德夫达斯的父亲是在村子里受人尊敬的地主纳拉扬老爷，而帕尔瓦蒂的家庭从事的则是当时并不被印度上层社会所看重的商业。虽然两人曾经两小无猜，但是德夫达斯的家庭从没有对帕尔瓦蒂给予尊重，他们将德夫达斯送往加尔各答的直接原因，就是认为德夫达斯和帕尔瓦蒂的亲密

① Satpati A., *After It's Centennial, Devdas Has Same Relevancy: A Critical Reading of Saratchandra Chattopadhyay's Devdas*, Social Science Electronic Publishing, 2017.

② 〔法〕迭朗善译《摩奴法典》，马香雪转译，商务印书馆，1985，第 55 页。

③ 尚会鹏：《种姓与印度教社会》，北京大学出版社，2016，第 179 页。

无间，使他变得"不学无术，像个乡巴佬"①。

门第观念使德夫达斯的家庭否定帕尔瓦蒂，而在印度道德规范中占绝对主导地位的父权则使德夫达斯最终低头屈服。帕尔瓦蒂不顾丧失尊严和名誉的风险秘密前往德夫达斯住处"求婚"，换取了德夫达斯在父亲面前的一次"冒险"，而这次试探几乎在德夫达斯面见父亲的那一刻便宣告失败了。德夫达斯向父亲争取机会时的对话传神地表现了印度传统家庭父权的至高无上："父亲说：'只要我不闭眼，你一刻清静也不会给我。所以你说的这些我见怪不怪了。'德夫达斯只是安静、怯懦地坐在一边。父亲说：'我不该什么事都掺合，你和你妈妈想怎么办就怎么办吧。'德夫达斯的母亲听见了，委屈地喊着，'神啊，我真想活着看到那一天。'"② 母亲的戏谑揭示了父亲对家庭以及德夫达斯的绝对影响力，印度传统家庭的父权中心使父亲成为家庭规则的独裁者，尚未体会何为失去的德夫达斯，此时只好被动接受。他很快给帕尔瓦蒂写下了违背自己真实意愿的分手信，彻底屈服于父权。

但帕尔瓦蒂并不只是德夫达斯生命中的一个简单过客，可以说从小时候开始，她就是德夫达斯唯一的知心者，失去帕尔瓦蒂对德夫达斯而言就像是失去了一半的生命。"他们没有其他朋友，他们也不需要别人插足。"③ 小说的前三章展现了他们之间由朋友关系到排他性的恋人关系的美好而纯洁的过程。德夫达斯从小便是问题青年，虽然家境优渥，但父母很少关心他、管教他，缺乏沟通与关爱。而帕尔瓦蒂很大程度上代替了德夫达斯心中母亲的地位，德夫达斯无形中对帕尔瓦蒂的爱产生了依赖。但拥有它时，德夫达斯并未预料到失去时的撕心裂肺，缺乏深思熟虑的选择最终酿成了无法挽回的悲剧。

印度传统文化中森严的道德规范、等级秩序、父权专制至今仍延续着余威，现如今，封建观念、传统习俗与人性冲突的话题依旧是印度文学探讨的热点。对于德夫达斯的爱情来说，传统与父权是比哈姆雷特所面对的克劳狄斯更难战胜的敌人。在父亲死后，德夫达斯才在酒精的鼓舞下试图追回帕尔瓦蒂："你愿意和我一起私奔吗？"④ 但是此时已嫁为人妇、纳入婚姻道德规范的帕尔瓦蒂已不是曾经那个无拘无束的小女孩，悲剧已经注定，这只能是一场空想。

① Sarat Chandra Chattopadhyay, *Devdas*, Translate by Sreejata Guha, New Delhi: Penguin Books India, 2002. p. 19.
② Sarat Chandra Chattopadhyay, *Devdas*, Translate by Sreejata Guha, New Delhi: Penguin Books India, 2002. p. 38.
③ Sarat Chandra Chattopadhyay, *Devdas*, Translate by Sreejata Guha, New Delhi: Penguin Books India, 2002. p. 15.
④ Sarat Chandra Chattopadhyay, *Devdas*, Translate by Sreejata Guha, New Delhi: Penguin Books India, 2002. p. 80.

二 悲剧的内因:"延宕" 的恶果

客观原因是德夫达斯苦难的起点，而他自身性格的缺陷则是使他堕入悲剧深渊的根源。萨拉特很多作品都批判了印度传统的落后习俗，如《嫁不出去的女儿》控诉了嫁妆制对女性的摧残，《道德败坏的人》对寡妇再嫁问题的关注等。但是，如果将《德夫达斯》的悲剧简单算作包办婚姻制度的过错，那么就会忽略这部作品更深层的主题，即对人性弱点的探讨。德夫达斯之所以被称为"印度的哈姆雷特"，最主要的原因就是其个性中的犹豫不决（hesitation）①，造成了与哈姆雷特类似的延宕。德夫达斯曾遇到与哈姆雷特单独面对克劳狄斯一般实现目标的绝佳机会：帕尔瓦蒂不顾世俗眼光主动向德夫达斯表白了心意，而他也迈出了质疑父亲权威的第一步。但是最终，德夫达斯退缩了，背弃了帕尔瓦蒂。我们不能将他的背弃完全归咎于社会和家庭的压力，从后文看，德夫达斯既提出了解决办法，同时也做出了违背家庭意愿的实际行动，可惜他的摇摆不定，让一切都为时已晚。

延宕意味着选择时的迟疑，如果德夫达斯没有选择，那么他的悲剧将完全是外部因素一手造成的；反之，则意味着他在思想和行为能力上有进行反抗的可能。一方面，德夫达斯骨子里带有叛逆的性格。小说自德夫达斯的童年开篇，在这一时期，他喜欢捉弄老师同学，偷偷抽水烟，厌烦父亲，时常离家出走，带有暴力倾向。他屈服于父亲却从未真正屈服于社会规范。当他将分手信投入信箱的那一刻，悔恨与困顿接踵而至，这封信会伤害帕尔瓦蒂吗？这么做是否正确？父母为什么要将出身低微看作帕尔瓦蒂的错误？他开始对人生产生怀疑，对在加尔各答学习的知识产生怀疑。德夫达斯认识到了父亲思想的狭隘性，但是他却没能及时做出相应的补救措施。在帕尔瓦蒂出嫁后，德夫达斯依旧没有放弃追求她，甚至大胆地提出私奔的要求，丝毫不在意世俗的眼光。由此可以看出，德夫达斯并不是保守的卫道士，他的放弃更多是出于对父权的忌惮而并非无可奈何。另一方面，德夫达斯实际上敢于"离经叛道"，随性而为。德夫达斯在写出分手信后便陷入了痛苦之中，随即背着家人从加尔各答的学校辍学，整日荒废，跟着好友丘尼拉尔（Chunilal）出入风月场所借酒消愁，甚至对母亲

---

① Satpati A., *After It's Centennial, Devdas Has Same Relevancy：A Critical Reading of Saratchandra Chattopadhyay's Devdas*, Social Science Electronic Publishing, 2017.

的召唤置若罔闻。因此，德夫达斯在做出选择时是具备坚持己见的可能的，他性格中的软弱、妥协造成了他的动摇，而延宕最终使其错失了同心爱之人共度一生的机会，陷入了永恒的痛苦。

酗酒这一行为是分析德夫达斯形象不可忽视的一点。一方面，酒可以使人暂时摆脱社会对人的束缚压抑，暴露真实自我的同时对他人敞开心扉，加速"本我"的释放。酒在《德夫达斯》中有着明确的指向，即帕尔瓦蒂的替代品，或者代表着德夫达斯将帕尔瓦蒂升华与抽象后的理想对象。帕尔瓦蒂央求德夫达斯："你能不能永远不要再喝酒了？""不能，难道你可以永远忘记我吗？"① 酒麻醉了德夫达斯对帕尔瓦蒂的无尽思念，使之暂时忘却痛苦，填补失去帕尔瓦蒂的空白。另一方面，酗酒意味着逃避，德夫达斯不能直面现实生活给自我带来的强大压力，只能选择在酒场虚度时光，逃避生活的折磨。"酒"既是德夫达斯对帕尔瓦蒂深爱的引证，同时也是德夫达斯逃避这种深爱所带来苦难的避难所，他害怕爱情的折磨，却又无法鼓起勇气直面和解决，只能陷入矛盾之中，在彷徨中虚度人生。

这种矛盾性在德夫达斯身上无处不在：出身传统的大户人家，却从小接受西式教育；渴望反抗，却无力实践；表面冷淡坚强，内心却犹豫脆弱。他利用酗酒消弭悲伤，将痛苦的根源归咎于女性的天性，却不愿正视自身的软弱。第八章开头，作者加入了这样一段评论："他们没有耐心反思也没有按逻辑行事的习惯。他们喜欢管中窥豹，却信任事后自我反省的力量……如果运气没有眷顾，他们就会陷入无尽的苦难之中，在黑暗里辗转反侧，无法起身，也无法得救，似乎没有生命，也没有存在的意义。德夫达斯就属于这一类人。"② 这就是作家本人对德夫达斯悲剧根源的直接看法。德夫达斯就是如此：对社会的束缚迷茫而无力，在选择面前无所适从，无法做出理智的判断；同时缺乏对后果的心理承受力，最终失去对自身命运的把控，将痛苦归咎于上天和他人，却从不在自己身上发掘改变现状的力量。有评论提出德夫达斯的形象特征已形成"德夫达斯隐喻"（Devdas Metaphor）③，这对后来众多文学、电影形象产生了重要影响。这一经典角色意义确已超出文本本身以及时代背景，可以看作作者在性格悲剧上的一次试探。

---

① Sarat Chandra Chattopadhyay, *Devdas*, Translate by Sreejata Guha, New Delhi: Penguin Books India, 2002. p. 80.
② Sarat Chandra Chattopadhyay, *Devdas*, Translate by Sreejata Guha, New Delhi: Penguin Books India, 2002. p. 44.
③ Sreejata Guha, *Devdas' Introduction*, New Delhi: Penguin Books India, 2002. p. 1.

三 《德夫达斯》中的人道主义

《德夫达斯》始终围绕"人"展开，它挖掘出外强中干的德夫达斯性格中致命的弱点，同时也刻画出帕尔瓦蒂、钱德拉穆琪（Chandramukhi）等女性形象刚强坚毅、大胆反抗传统的闪光点；对门第观念、包办婚姻等落后观念、制度的批判也是从它们对人性摧残的角度出发的。这种创作倾向正是萨拉特人道主义思想的体现。学者倪培耕指出，萨拉特的政治观点和社会观点的思想基础就是资产阶级人道主义，他用人性、人格、人权来衡量民族和阶级的压迫。[①]《德夫达斯》中，萨拉特着力表现现象背后人的心理动态，在背离人性的制度面前，所有人都是牺牲品。我们看到，参与这场爱情悲剧的人都受到了心灵的惩罚。德夫达斯因为怯懦和犹豫不决，背弃帕尔瓦蒂，最终陷入无尽的痛苦之中直至死亡；帕尔瓦蒂和钱德拉穆琪失去挚爱，痛不欲生；而坚守传统家庭尊严的纳拉扬老爷一家同样未得到善终，老爷早早病死，大儿子一家在丧礼当天便急着瓜分家产，小儿子整日酗酒流浪，而当初首先挑拨两人关系的母亲则独自前往瓦拉纳西，在家破人亡的悲伤中孤独终老。在这之中，没有道德上的坏人，但是他们都被社会和传统束缚住了，无法忠于本心，失去了自我。这正是萨拉特眼中封建观念、社会习俗等传统中最大的恶。

虽然《德夫达斯》是一部完全的悲剧，但人道主义为其蒙上了一层温情色彩。小说最后，萨拉特加入了一段评论："我对德夫达斯感到遗憾……如果你偶然在路上遇到可怜人，就像德夫达斯一般衣缕阑珊，请为他的灵魂祈祷吧，祈求他无论如何都不要面对德夫达斯那样不幸的死亡。死亡不可避免，但请用爱的触摸抚平他最后的愁颜。"[②] 萨拉特总是对底层人民或受难之人致以同情，在他的笔下，这些人不是疲于生计、毫无尊严的无用角色，他们同样是有血有肉的人，也拥有喜怒哀乐的人生。其中，对歌妓钱德拉穆琪的塑造最能体现这一点，她的职业被人轻视，但她依旧有七情六欲，也可以倾其所有，大胆追求爱情。歌妓无疑是印度社会阶级最底层的存在，在失落忧郁的高种姓地主之子面前，钱德拉穆琪毫不遮掩她对德夫达斯的爱慕之情，给予正处在爱情困顿之中的德夫达斯母亲般的包容与爱护。虽然起初德夫达斯将钱德拉穆琪视为给他带来痛苦的"女人们"而仇恨

---

① 倪培耕：《印度现当代文学》，新加坡新华文化事业（新）有限公司，1997，第 131 页。
② Sarat Chandra Chattopadhyay, *Devdas*, Translate by Sreejata Guha, New Delhi：Penguin Books India, 2002. p. 128.

着，但是当早已安定在乡下的她毅然前往加尔各答寻找病入膏肓的德夫达斯时，迷失自我的德夫达斯终于向这个痴情的女人吐露了真情："'德夫达斯，你不像以前那样恨我了吧?'，'当然不，我爱你。'"① 虽然终究不能和德夫达斯在一起，但是她最终改变了对方的仇视，获得了一份心上人可贵的关爱。

泰戈尔曾说萨拉特的作品探究了人们心底的奥秘，描写的是普通人的喜怒哀乐。② 萨拉特善于利用印度读者最容易接受的平实语言以及引人入胜的情节，借助一个又一个发人深省的故事，挖掘生活中的真假美丑。我们可以从他的作品中看到人性的优点缺点、强势弱势，也可以从角色中看到每个人自己的影子。作为萨拉特最个人化的作品③，《德夫达斯》的创作灵感很大程度上来自他在仰光期间的个人经验，可以说这部作品诉说的并不仅是过往的某个爱情悲剧，或对门第观念的激烈批判，它更多的是作者本人借助艺术形象，对社会、世俗、家庭的束缚之中人生的反思和人性的追问。

四 结语

德夫达斯被评论家和读者称为"印度的哈姆雷特"，一方面，"印度的"强调了《德夫达斯》的独特性，即用印度的方式讲印度的故事。在艺术特色上，《德夫达斯》体现了萨拉特"讲故事"的高超技巧，语言质朴细腻，情节扣人心弦，与此同时，德夫达斯同帕尔瓦蒂的爱情又暗合了印度教中毗湿奴与拉妲神话的故事模式，萨拉特或有意或无意地迎合了印度读者对情节发展走向的预期，适应了受众的阅读习惯，促进了印度百姓对作品的接纳与认可；而作为印度现实主义文学的先驱，萨拉特一生坚持现实主义的创作道路，始终主张文学建筑在真理之上，而真理根植于生活之中。④《德夫达斯》等一系列作品写的无疑是印度人的故事，德夫达斯等一系列经典形象诉说的正是在殖民统治、传统束缚、种姓压迫之下印度人的爱恨情仇与悲欢离合。

另一方面，这一评论又突出了德夫达斯形象与哈姆雷特的相似之处。首先，他的悲剧性同哈姆雷特一样是多方面的，既有外部传统、社会、家庭压力的原因，同

---

① Sarat Chandra Chattopadhyay, *Devdas*, Translate by Sreejata Guha. New Delhi: Penguin Books India, 2002. p. 115.

② Sarker S. C., "Sarat Chandra Chatterjee: The Great Humanist," *Indian Literature*, 1977.

③ Raj Kumar Mukerji, "Devadas of Saratchandra a new approach to Saratchandra and his major works. *Phil.*," *University of Calcutta*, 2016.

④ 倪培耕：《印度现当代文学》，新加坡新华文化事业（新）有限公司，1997，第152页。

时也是其个人行事"延宕"的恶果，成因是复杂的，而内因是主要的。其次，可以说"一千个人心中有一千个德夫达斯"，《德夫达斯》与《哈姆雷特》都在探索人性。萨拉特的人道主义倾向突出了文本中人性这一永恒主题，使《德夫达斯》超越了当时印度一般的现实主义小说，成为"空酒杯"似的开放性文本①，具有极强的灵活性与生命力。我们看到不同版本的电影《德夫达斯》中，导演在其爱情、人性的核心主题周围加入适应时代需求的改动，使之成为银幕上经久不衰的悲剧角色。最后，德夫达斯同哈姆雷特一样，都是各自文化体系中不可磨灭的文学标识，都是世界文学历史中熠熠生辉的经典形象。

---

① Sreejata Guha, *Devdas' Introduction*, New Delhi：Penguin Books India, 2002. p. 12.

《燕赵文化研究》第 2 辑
第 147~156 页

雷雨琴与清末版权保护案

雷金刚[*]

我父亲原名叫雷兆雄，工作后更名为雷从周（舟），1984 年离休时是定兴县物资局总会计，于 2010 年 2 月逝世，享年 86 岁。父亲在工作单位勤俭认真，为人非常随和厚道，说话时一定是微笑着的，总是慢条斯理，颇令人敬重。在我很小的时候，他就经常和我讲起我曾祖父雷雨琴（1865—1948?）和清朝末科状元刘春霖（1872—1942，字润琴）在老北京的一些交往逸事。虽然每次只是片言只语，不太成文成篇，但是已经基本上把很多事情讲清楚了，而且深深地印在我脑海里。唯一遗憾的是，早年时少不更事，工作后整日忙碌于家庭、工作事务，没有拿出专门时间深究细研详加记录，现父亲已逝，更无法弥补和还原那段历史，想来还是令人扼腕。

一

我家世居定兴城内一街，家族的聚居地址在今西起南大街石牌楼（"文化大革命"中已经被拆毁），东至一街村委会，北起新华西路，南至原人武部家属院；再往南几十米就是清朝军机大臣鹿传霖的家族原住址（保留有鹿氏祠堂）和瞿氏家族原住址。据老人们讲，我们家族在定兴起码有 200 年居住历史了。当时定兴城内一街鹿、雷、瞿三个家族比较大，算是三个大姓。我爷爷雷祯祥（家族字辈谱：士、启、祥、兆、学、本、忠、真）他们那一辈大排行哥们有十个，其中我爷爷行四，另外在北京和天津都有家族分支。在我十来岁的时候，我还记得雷氏

---

*　作者简介：雷金刚，河北定兴人，雷雨琴曾孙，硕士，高级讲师。

祠堂（位于现在的"菜床子"副食品商店东侧），建筑高大，南北长大概 20 米，东西宽十余米。里面挑空很高，落空最少有十来米。当时是用作一街村第二生产队的电磨房，小时候，我经常去那里磨面粉，雷氏祠堂由于年久失修四处漏风，墙皮剥落，房顶塌陷，破败不堪。后来不知道怎么就变成了公房，而且被拆除改造了。

对于我们家族的来源地有这样几个说法：一个说法是从山西迁过来的，祖上在县府做师爷；一个说法是从河南搬来的；还有一个说法是祖上几代人，在北京做建筑（是否和"样式雷"家族有关，待考），专门给皇家做工程发了财，其中的一支搬到了定兴然后定居下来。据父亲讲，我自己家这一支，在我曾祖雷雨琴以前的时候，原在家族聚居地就有房产，后族人多有私想，结果四五间房子的一处院落，十几块钱就给了族亲。

从我记事起，我家一直居住在曲折胡同 10 号。这个地方，是我曾祖雷雨琴在清末的时候，在北京做生意挣了钱，从典当行赎回的族产。我家的院子在县城里应该属于比较大的了：东西向横跨东城根胡同和曲折胡同，大概有八九十米长，南北宽有 20 多米。当时共分为三个院落，西边院落种了许多榆树、椿树、泡桐树，夏季树荫浓浓，捉虫捕鸟别有乐趣。后来建了房子独成一处院落，记得 20 世纪 90 年代初，当时党校的同事总来树下聚聚，偶有小酌，相言甚欢。

中间院落和房子当初原是我太爷雷雨琴光绪年间就建好的，主要是东西向的五间东房做正房，还有三间北房当配房。正房由整齐的条石砌成五步台阶，主体是三明两暗，中间三间为出厦的格局。房子根基四周用一层条石砌就，往上就是用青砖垒成约 60 公分高的墙基，再往上就是砖包坯的结构了，墙体非常厚重。屋顶中间起脊，房椽都由方木组成。据说房子的四角，都是砖雕的花卉瑞兽，因为"破四旧"，都被强行砸烂了，裸露出来里面的砖坯。在最南边一间房子山墙上，有一个明显的洞，父亲告诉我说是解放定兴县城的时候，解放军为了攻击城墙上的国民党军而挖的射击孔。新中国成立后，定兴县文教局局长鲍永生，卫生局局长王燕桥都在南房住过；解放军拉练的时候也住过，那时候我也就六七岁，他们打靶回来后，送给我好多亮晶晶的子弹壳，被我当成宝贝玩儿。20 世纪 80 年代中期，由于正房年久失修，就拆掉翻建了五间北房，房子重建的时候，街坊四邻都来帮忙，挑灯打夯号子震天，现在很难再见到这样朴实的劳动场景了。记得小时候院子里有一棵高大的国槐，一个大人可勉强合抱，夏天郁郁葱葱，树荫蔽日，是定兴城里为数不多的大树。后来因为日子艰难，砍伐后卖掉了，据说是安新人买走造船去了，因为槐木是做船的好材料。再后来还有一棵自生的椿树，长在南墙边，树干笔直挺拔粗壮，树冠巨大遮去了半个院子，煞有气势。西墙边，还有父亲栽种的几株泡桐。泡桐树长势非常快，几乎不用浇水，一年一个样子，六七年下来树干便如水桶般粗壮，冠盖如云。

东边的院落我记事时有三棵高大的枣树，每当秋季，枣树上果实累累，树枝被压弯了腰。打枣的时候街坊四邻的小伙伴都来帮着捡拾，树枝颤摇枣如雨下噼里啪啦，一片热闹，四邻凡是来帮忙的，母亲都会让他们每人带走一份。还有几棵洋槐和一棵桑树，春天槐花雪白飘香，爬上去摘下几串吃在嘴里别有香甜滋味；桑葚还没有熟的时候，邻家孩子就爬上爬下了，谁摘到就饱了谁的口福。那时候，小学初中的同学，好多都来玩儿过。树下有时候种麦子、玉米；有时候种蔬菜，记得最好吃的，是春季的韭菜，包一顿饺子，或者做个韭菜摊鸡蛋，在那个年代就是第一等享受了。东院当时还有一口老井，井口直径有 1 米多，深要有十多米。井台四周用青条石围合，井筒青砖砌就，摇起辘轳提水浇树浇菜很是方便。家里没有自来水之前，这口井一直是饮用水源。遇到干旱的年份，水层会浅许多，水桶下去都可以触底。于是有一年，趁着一次春旱水浅，我大哥他们几个人，就把井底"淘"（清理）了一次。当时几个人一起干，两个人下到井底清淤泥，留两个人在上面摇辘轳负责提上地面，前前后后挖上来得有几推车污泥。后来在里面居然清理出不少东西：一把锈迹斑斑的七星长刀，几颗子弹，一块牛骨，最多的是形状各异的手榴弹，足足有二十几颗，居然还有一个圆圆的锈迹斑斑的"大家伙"，当时判断可能是一颗地雷，那时候不懂什么叫危险，好奇加胆大，几个人居然把地雷放到井台上细细地"研究"起来，边敲击边试图挖开看看里面究竟是什么。最后居然挖开了引信的位置，打开时不知道是什么声音嗞嗞作响，把大家吓得一咕噜都趴到地上了，所幸没有爆炸，现在想想都后怕。据我祖母讲可能是新中国成立前，日本人或者国民党军丢进去的。究竟是谁扔进去的，已无据可考。我家东院东墙外是条宽四五米的小路，紧挨着的就是老城墙的墙基，城墙墙基外就是东护城河了，后来村民在城墙基上陆续盖满了房子。

二

据父亲讲，光绪年间他十多岁的时候，就跟着他爷爷（我曾祖父）雷雨琴在北京琉璃厂火神庙不远处，开了一家南纸店（即文房四宝店），专售笔墨纸砚和名人字帖。刊印《三字经》《百家姓》《千字文》《弟子规》等多种书帖售卖。雷雨琴非常有商业眼光和经营意识，每到举子赴北京赶考的季节，他就让伙计挑灯到旅店，给举子们免费赠送笔墨纸砚，一是扩大生意宣传，二是可以请他们写得好的给写幅字，画得好的给画张画儿，那些举子们都是文人出身，不少人后来都晋职出仕，蒙宠高就，可以想见这些字画应该颇有价值。多年下来，雷雨琴收集了不少的东西，且有部分保存下来。尤为可惜的是，"破四旧"时，母亲和我奶奶把两牛皮纸箱的老书，加上这些字画一把火全部烧掉了。这些东西我没有见过，牛皮纸箱倒是见过：长有 80 公分，宽、高各有 40 公分。"四清运动"中，我们家老房子四个檐角的花纹砖雕都被敲碎了。

我很清楚地记得，小时候家里有几块厚厚的"木板"，上面雕刻着非常规整的楷书大字，黑乎乎、沉甸甸的，说上面刻的字，是一个叫刘春霖的人写的。后来我才渐渐明白，那些"木板"全是在老北京开文房四宝店后运回来的书版，都是用厚重的硬木雕刻，拎起来自然坠手。据父亲讲，当时从北京运回来两胶皮轱辘大车的书版，后来日子艰难，都当柴火劈碎后烧火了。我所见到的也就是剩下的零星几块，在我家院子里扔来扔去，后来去了哪里也寻不到了。那个时候，父亲就经常讲到刘春霖这个人，而我却不以为然，后来慢慢长大，才知道刘春霖是清朝光绪年间的一位状元。

再来说说琉璃厂。琉璃厂最早是元明时期皇家烧造琉璃瓦的地方，后来出于"环保"要求和城市规划要求，进入清朝后逐步成为文房四宝、老旧书籍、名人字画、古董文玩的集散地，也成了达官贵人、文人墨客、书画名家、埠外贤达的荟萃之地。加之附近还有一座专门供奉文昌帝君的火神庙，文昌帝君是当时文化人追捧的文曲星和精神领袖，更是劝人积德行善增福增禄的道教大神，所以琉璃厂就越发地聚集人气了，从乾隆时期直到清末鼎盛一时。

曾祖父雷雨琴出生于 1865 年，大清同治年间、光绪朝任清政府职员，并在琉璃厂经营南纸店售卖文房四宝和名人字帖，广交各路贤达。刘春霖酷爱书法，在北京琉璃厂他们广有往复，一来二去和我曾祖雷雨琴多有际会。两个人脾气相投，惺惺相惜，互有照顾，遂结为好友，以至于后来在他的南纸店挂笔单（卖字）。我曾祖字雨琴，刘春霖字润琴，两个人都有一个"琴"字，不知道是巧合还是金兰之好的约定。刘春霖在中状元之前有四年时间寓居北京待考，当时在书法圈内即大有盛名，小楷写得尤其好。慈禧太后笃信佛教、道教，宫里官员经常找人为太后抄写经文，在知己好友的积极引荐下，得知刘春霖小楷效法晋唐写经，清秀挺拔，柔中有刚，浑然一体，所以就经常让他代写。其经文写本深得慈禧太后赏识，并被招进宫内当面赏赐。刘春霖先后写了《大唐三藏圣教序》《文昌帝君阴骘文》《闲邪公家传》《灵飞经》四种小楷墨迹（光绪二十五年至光绪二十九年），这些经书都是慈禧太后钦点且非常喜欢的。刘春霖的字至今还有"大楷学颜（颜真卿），小楷学刘（刘春霖）"之誉。

清光绪三十年（1904），刘春霖终于考取状元。很多书上都说，当时他考的名次靠后，因为靠前的考生名字不招慈禧太后待见，所以把刘春霖点为甲辰科状元。其实刘春霖原名刘青霖，点中状元后，由慈禧太后亲自给他改名为刘春霖，这在当时是莫大的荣幸。据我父亲讲，真实情况是刘春霖殿试考卷《四道策论》答对不但作得好，而且小楷字也写得非常出色，因而得中榜首。当然这里有没有"印象分"就不得而知了。刘春霖入仕后曾任翰林院修撰、福建提学史、直隶法政学堂提调；北洋政府时期任大总统秘书厅厅长，教育厅厅长；日伪时期坚拒伪满洲国教育部部长、伪北平市长，后遭汉奸迫害抄家，身心重创。幸得故旧好友全力施以援手才得以保全。刘春霖面对外辱，大义凛然，岿然不动，表现出了万人景仰的民族气节和傲人风骨！

三

1904年，在好友刘春霖考中状元的当年，我曾祖父雷雨琴经其同意后，把他书写的《大唐三藏圣教序》《文昌帝君阴骘文》《闲邪公家传》《灵飞经》四种小楷墨迹，（为了防止他人盗印）特意从北京带到上海付梓石印，印成小楷字帖发售于市。因为这四部经文类小楷，都是刘春霖在中状元前光绪二十五年至二十九年给慈禧太后抄录经文时的副本，所以堪称书法精品，小楷字帖一俟出版问世，即销路大畅，流传甚广。

刘春霖的字"楷法冠当世，百学宗之"，新晋状元郎的名人效应再加上字帖印制精美，并且原件是慈禧太后赏识的经帖，一时间洛阳纸贵万人传看，市场供不应求。于是便有不法之徒，私自翻印出售牟利。混乱局面的出现，对我曾祖雷雨琴的合法版权造成了严重侵害。虽多方联络规劝善意制止，但面对不法利益的诱惑，还是有人肆意妄为，盗印盛行。于是雷雨琴迫于无奈，奋而向清政府提请颁谕制止、查究盗版，以保护其合法版权。

经雷雨琴多方奔走呼吁，清政府终于对保护其合法出版权益做出了回应。为此，于 1905 年即光绪三十一年农历十二月十一，命令由"钦加四品衔、赏戴花翎即补清军府办理上海公共租界理事府关（绹之）"专门发出告示，严正警告他人不准翻印。告示中称："为给事谕禁事：据北京职员雷雨琴禀称：窃职存有甲辰科状元刘春霖殿撰所书《大唐三藏圣教序》《文昌帝君阴骘文》《闲邪公家传》《灵飞经》亲笔四种，于光绪三十年带沪付诸石印，装订成帙，批销发售。与书局订定版权，不准私自代人翻印，诚恐渔利之徒，翻本冒印图利，有碍销售。附呈书样，禀乞备案。布示严禁翻印，以保利权等情，据此，除批示并予备案外，合行给示谕禁为，此仰各书坊铺贾人等，一体知悉。尔等毋许私自翻印，前项书籍如敢故违，一经告发，定予究惩不贷，其各凛遵勿违，特示。光绪三十一年十二月十一日示发。"告示既出，明确规定了这样三点：一是雷雨琴提供书样备案，所印刘春霖书帖才是正版；二是雷雨琴的版权归其个人所有，他人不得盗印售卖；三是违法者一经发现，即须惩处。这样一来，鱼龙混杂的局面暂时得到一定的控制。

雷雨琴在呈请清政府保护版权的同时，除将四种小楷字帖样书送上备案外，还专门在成书的扉页印有雷雨琴的半身道装肖像，并且在底页印有"版权所有，翻印必究"字样，以防盗版，等于又加上了第二道防伪标志；后来印发的再版字帖，在我曾祖雷雨琴的照片后面，又加上了我父亲雷从周穿着长衫足登黑色棉靴，手中执书，端坐在书箱上的全身照片，目测父亲当时也就是十五六岁的年龄，双目坦然直视，和气文静中带着一丝腼腆，显得既斯文又有修养，这也等于是又加上一道防盗版标志。后来雷雨琴又陆续筹划出版了《九成宫礼泉碑铭》《金刚般若波罗蜜经》《进学解》等多种字帖。种种的防伪措施暂时让雷雨琴度过了几年平稳的日子。

随着时间更替改朝换代，到了宣统元年（1909），京城金台书局（应为雷雨琴所有）与上海文明书局因刘春霖字帖的翻版问题再次对簿公堂。当时清政府以没有真正意义上的一部著作权方面的专门法为由，加之没有成例，无法判决，最后双方只能调解了断，由翻版一方文明书局认罚息讼。宣统二年十一月，在国内出版界屡有争讼出现和国际《伯尔尼公约》的推动下，清政府颁布了中国历史上第一部著作权法《大清著作权律》，这样著作权才有了根本保证。

宣统三年，雷雨琴按照新法及时向清政府报请了书样和"允许书"因而顺利注册刊印发行相关书帖，权利得到维护。我在中国第一历史档案馆亲自查阅到雷雨琴的禀状，阅读到曾祖的维权禀状，也是感慨万千。禀文称："具禀北京职员雷雨琴年四十四岁为遵部章禀请注册恳恩给事严禁翻印以保利权事，窃职有旧存甲辰科状元刘春霖圣教序、灵飞经、阴骘文、闲暇公小楷墨迹四种、又有董其昌草书一则、前在上海立案付梓出售，蒙给事严禁假冒，不料近有无耻之徒翻本冒印，于利权殊属有碍。职再四思维无计可施，今幸逢贵部宣示如有著作情事迅速呈报。职思写字与著书并重，况刘公系甲辰尽科殿撰，其书法又精美绝伦不能不思所以保存之。一则为保存国粹，一则为科第留一纪念；再董其昌墨迹亦国家之光，是以不揣冒昧恩请准予注册给示，以禁假冒翻印有败坏字风之弊。为此叩请贵部大人恩准施行，实为德便。谨呈字样一本。"经过清政府的注册批准刊印发行，版权才有了法律保证。

雷雨琴再后来经政府注册批准，又陆续出版了《朱买臣传》《洛神赋》《兰亭序》等十余种小楷字帖。1915年北洋政府根据《大清著作权律》也颁布了相关的法律规章。当年雷雨琴又将刘春霖殿试一场考中状元的文章《四道策论》重新整理，付诸石印，成为《殿试帖》。出版后销售大好，连印三次。人们之所以抢购《殿试帖》，不仅因为它可作字帖临摹，而且还能看到他考中状元的试卷文章，极大地满足了人们的好奇心。由于吸取了多次的反盗版经验，在后来的整个发行到再版重印过程中，盗版现象几乎绝迹。

四

有学者认为，在中国数千年文明史中，由政府出面颁布通告，明令保护个人所属版权的做法，雷雨琴维权事例在历史上是首次出现。另外雷雨琴所印字帖扉页中加上他本人照片以及我父亲雷从周（雷雨琴孙）的照片，作为防伪标志的做法，也应该说是一个别出心裁可圈可点的具有独创性的防伪设计。这一维权事件，可以说见证和推动了中国历史上第一部著作权法的诞生。即使对于愈加重视知识产权保护的今天，仍然具有十分重要的借鉴意义和启示作用。

习近平总书记指出："优秀传统文化是一个国家、一个民族传承和发展的根本，如果丢掉了，就割断了精神命脉。"定兴县是全国文化先进县，是我们一张知名度非常高的亮丽名片，而千年定兴老城的文化积淀和历史遗迹，更是我们不可复制的宝贵财富和资源：每一座老建筑，每一条街道，每一棵合围的大树，每一个发生在这里的掌故，每一个湮没在历史中但却挥之不去的记忆，都是我们独有的文化符号和守护灵魂的家园，我们多少代人，生于斯长于斯。认真保护好这些历史的遗存和符号，进而发扬光大弘扬传承，是我们每个定兴人应尽的责任和义务。在城市开发提升改造的同时，对文化遗存做适度的保留和必要的维护是十分必要的。

附：

刘春霖，字润琴，河北肃宁人。1872 年正月初三生于直隶省肃宁县付佐乡北石宝村。1942 年正月十八，因心脏病卒于北平智义伯大院八号，享年七十一岁。毕业于莲池书院，师古文学家吴汝纶。光绪二十八年举人，光绪三十年甲辰科状元。曾留学日本习法政，历任资政院议员，记名福建提学使、直隶高等学堂监督。民国以后任袁世凯内史、徐世昌秘书，并兼作中央农事试验场场长。后任直隶省教育厅厅长、自治筹办处处长等。一生淡泊，有民族气节，坚拒日伪高官诱惑，工书法，尤精小楷，于小学有独到见解，有“大楷学颜（颜真卿），小楷学刘（刘春霖）”之誉。被后人赞为“中华脊梁”和“义士状元”。

图 1　雷雨琴道装像 附在书扉页作为防伪标志

欽加四品銜　賞戴花翎即補清軍府辦理上海公共租界理事府關　為
給示諭禁事據北京職員雷雨琴稟稱竊職存有甲辰科狀元劉潤琴殿撰所書大唐
三藏聖教序　文昌帝君陰騭文　閒邪公家傳　靈飛經親筆四種於光緒三十年
帶滬付諸石印裝訂成帙批銷發售與書局訂定字據不得私自代人翻印誠恐漁利
之徒翻本首印圖利有碍銷售附呈書樣稟乞備案給示嚴禁翻印以保利權等情據
此除批示並予備案外合行給示諭禁為此示仰各書坊舖賈人等一體知悉爾等毋
許私自翻印前項書籍如敢故違一經告發定干究懲不貸其各凜遵毋違特示
光緒三十一年拾貳月拾壹日示發　實貼

图 2　清政府所发布的保护雷雨琴版权的告示

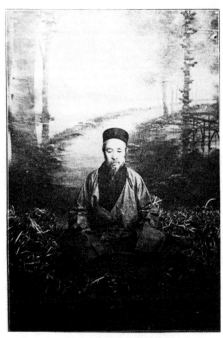

钦加四品衔　赏戴花翎即补清军府办理上海公共租界事府关

为给示谕事　据北京职员雷雨琴禀票稿窃藏存有甲辰科状元刘润琴殿撰所书大唐三藏圣教序　文昌帝君阴骘文　闲邪公家传　灵飞经亲笔四种于光绪三十年带淮付瀚石印艺订成帙批销发售与书局订定字据不得私自代人翻印诚恐渔利之徒翻本肯图刻有破销售附呈书稿票艺备给示严禁翻印以保利权法情据此除批示并予俯察外合行给示谕禁为此仰各书坊铺费人等一体如应前来毋许私自翻印割凑书籍如敢故违一经告发方于究处不贷凛各懔遵毋违特示

光绪三十一年合戊月合吉日示禁

图3　雷雨琴孙雷兆雄（雷从周）照片附在书中作为防伪标志

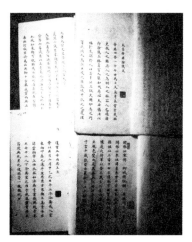

图4　雷雨琴印行的《大唐三藏圣教序》《灵飞经》《文昌帝君阴骘文》《闲邪公家传》

图 5　雷雨琴故居遗址

《燕赵文化研究》第 2 辑
第 157～164 页

跟随先生的文字再学习

——整理编辑《武占坤文集》

张　莉*

　　"武占坤，笔名戈弋、占昆，1924 年旧历冬月六日生，吉林农安人。祖籍山西太原郡，后迁山东清州府洛安县（今改广饶县），清·道光年间祖上始逃荒关东。最初落户于辽阳的三座塔，几经迁徙，方定居于农安城东北 90 里外小地名苇子沟。""祖父是个克勤克俭的农民，父亲是个一脑子民族思想的小学教师，日伪时期离职家居，不事生计，一味地诗酒书画自遣，潦倒以终。""本人儿时学过匠：果子匠；当过官：猪倌、马倌；坐过馆：三家村的私学馆；……小学毕业于距家 40 里外的靠山屯镇，中学毕业于龙湾城的第一中学，大学的经历近似'三朝元老'：考的是伪满的奉天农业大学，读的却是国民党的长白师范学院，大学眼看剩半年毕业，不算数。到了新中国，又从政治学习班和中文系一年读起。最后毕业于东北师大的语言研究班。"以上文字出自武占坤先生自传，原是代序其著作《汉语修辞新论》的，写于 2000 年 2 月 15 日。

　　2018 年武先生文集文稿编辑整理工作基本完成，剩余的工作就是写武占坤先生的简历，为此，我曾去河北大学档案馆查阅档案资料，上述武先生自传里所描述的求学经历也清晰了起来。武先生自传中的"坐过馆"，是指 1932 年至 1936 年，即 8 岁至 12 岁期间在私学馆学习；之后的两年里在吉林省农安县靠山屯县立完全小学读书直至毕业；1939 年考取吉林省立农安农科国民高等学校，1942 年毕业，考取了奉天农业大学（沈阳农业大学前身）林业科，同年还通过了司法部考

---

　　* 作者简介：张莉，河北大学文学院教授，主要从事现代汉语教学与研究。

试取得了公职。在读大学和去工作两者之间，武先生自己的意愿是读大学，但最终结果是遵从了家长的意愿任司法部所安排的公职，1943 年 1 月至 1946 年 8 月，在农安县区法院检察厅工作。在工作了三年半之后，武先生选择了离职读大学。1946 年 10 月考入长白师范学院国文系学习，至 1949 年 2 月肄业。这段经历就是武先生自传中所写到的"考的是伪满的奉天农业大学，读的却是国民党的长白师范学院，大学眼看剩半年毕业，不算数"。1949 年 3 月至 8 月，武先生经沈阳东北政委会教育部介绍入东北大学三部三班学习。1949 年 8 月至 1953 年 8 月，在东北师范大学中文系学习，毕业。武先生在自传中描述从 1942 年考取奉天农业大学到 1953 年毕业于东北师范大学中文系这段历程时说："大学的寒窗，整整寒了十年，按常规等闲了五个春秋。'春花秋月最美丽，把我的青春空带去'。"本科毕业后，1953 年 9 月至 1955 年 8 月，武先生继续在东北师范大学研究部现代汉语专业攻读研究生，师从我国著名的古文字学家、训诂学家、词汇学家孙常叙先生。以上是武先生的求学经历。

1955 年 8 月研究生毕业后，武占坤先生到天津师范学院中文系工作。1985 年至 1990 年，在河北大学社会科学研究所语言研究室工作，担任研究室主任职务。1990 年，学校调整机构，语言研究室归并到中文系，武先生回中文系工作，直至 1992 年 10 月退休。以上是我查阅档案所了解的武先生的工作简历。

武占坤先生一生致力于词汇学研究，是我国著名的词汇学家。梳理武先生的著作，我们可以看到，他在研究生刚刚毕业后的 1956 年至 1961 年短短的几年间，就有 9 篇语言学论文分别发表于《中国语文》（3 篇）、《语文学习》（4 篇）、《语文知识》（2 篇）这些重要的语言学刊物。1959 年武先生和王勤先生合著的《现代汉语词汇》[①] 由湖南人民出版社出版。两位先生此著是继他们的导师孙常叙先生 1956 年著作《汉语词汇》[②] 之后所出版的一部现代汉语词汇学专著。这部《现代汉语词汇》和 1983 年两位先生再度合作所著《现代汉语词汇概要》[③] 都是系统性探究现代汉语词汇的专著，无论是从研究所涉及问题的广度还是对具体问题的探究深度，两部著作都体现了现代汉语词汇学的时代水准。

《现代汉语词汇》明确提出"成语也是词汇学研究的对象"[④]，把成语纳入词

---

① 王勤、武占坤：《现代汉语词汇》，湖南人民出版社，1959。
② 孙常叙：《汉语词汇》，吉林人民出版社，1956。
③ 武占坤、王勤：《现代汉语词汇概要》，内蒙古人民出版社，1983。
④ 王勤、武占坤：《现代汉语词汇》，湖南人民出版社，1959，第 314 页。

汇范畴进行探讨，内容涉及成语的性质、发展演变、来源、结构、意义、作用及运用多个方面。《现代汉语词汇概要》对于词汇成分的认识进一步发展，提出"语言中的熟语（包括成语、谚语、歇后语、惯用语等）也是语言的建筑材料，它的造句功能相当于词，其形式、结构的固定性、使用的现成性，也同于词。它是词的等价物，是结构上大于词的整体性的造句部件。所以，熟语也是词汇成分的一种，不能把它排斥于词汇体系之外"①。书中专章讨论了成语、谚语、歇后语、惯用语问题。

武先生做什么专什么。1984 年全国艺术科学规划领导小组批准国家艺术科研重点项目"中国谚语集成"立项，武先生受聘担任河北卷主编之职，从组织力量调查收集河北 140 多个市县的谚条，对近百万条谚条的阅读、甄别、分类编目，到 1992 年这部《中国谚语集成·河北卷》②收条 20495 条总计 132 万字的鸿篇巨制出版，历时 8 年。作为主编，武先生在该书"后记"起首写道，"在全国艺术科学规划领导小组、中国民间文学集成全国编辑委员会领导下修筑的《中国谚语集成》这座文化长城的'河北工段'（河北卷）现在总算竣工了"。是的，武先生在这部巨作中用尽了移山心力，从《中国谚语集成·河北卷》"前言"中我们处处能读出他对谚语的喜爱，他说："谚语是民众靠口碑流传的艺术瑰宝，它虽然是只言片语，形式极为短小，但却凝练得像百炼的精金，纯净得如晶莹的钻石，生动得似潺潺的流水，风格质朴、韵味清新，满身泥土香，一派民族气。"

梳理武先生的著作，可看到 20 世纪七八十年代后，汉语熟语，尤其是其中的谚语，逐渐成为武先生重点研究关注的领域，形成了一批研究成果，其中包括专著《说谚语》③、《谚语》④、《中华谣谚研究》⑤、《汉语熟语通论》⑥，此外还有多篇文章。著述之外，武先生还致力于熟语条目的搜集梳理编辑入典工作。这是一项艰巨的工作，一方面是因为汉语熟语数量浩繁，另一方面是因为除了成语因其典雅性而常被运用于书面语，多有书面材料记载，便于搜集外，其他的熟语种类，如谚语、惯用语、歇后语多在人们的口语中使用，以口碑形式得以历史传承，因此这些语条的搜集整理入典是极有意义的，但也是依靠个人之力根本无法完成的

---

① 武占坤、王勤：《现代汉语词汇概要》，内蒙古人民出版社，1983，第 1 页。
② 武占坤主编《中国谚语集成·河北卷》，中国社会科学出版社，1992。
③ 武占坤、马国凡：《说谚语》，内蒙古人民出版社，1976。
④ 武占坤、马国凡著《谚语》，内蒙古人民出版社，1980。
⑤ 武占坤：《中华谣谚研究》，河北大学出版社，2000。
⑥ 武占坤：《汉语熟语通论》，河北教育出版社，2005。

工程，它需要有力的工作组织，需要对语条的专业鉴别力，需要付出大量的时间精力。功夫不负有心人，有志者事竟成，1991 年武先生和马国凡先生主编的《汉语熟语大辞典》① 出版，大典收条 16683 条，内容包括注音、释义、出处以及语条变体形式，全书近 200 万字。1997 年武先生主持编写的《中华风土谚志》② 出版，这是在全国范围内组织专家力量收集谚条整理编写的一部集子，武先生以"谚志"给它命名，足以见它的分量。我曾经有幸参与该项目，在武先生的指导下作为副主编去做这项工作，经历了调查组织、谚条收集、审读筛选、体例统一、统稿的编辑过程和后期联系出版的具体事宜。该书编纂自 1992 年春开始，到 1994 年冬完成。历时三年的辛苦之作遭遇的是"出版书刊大旱之年"③，该书的出版也是历尽磨难，最终于 1997 年 12 月以自费形式出版。要说的是，这部书的编纂和出版都是武先生在退休后所做的事情，无评职称、评奖需求，反要拿退休金去倒贴，这在外人看来可能是武先生傻了痴了，其实如果你读过武先生有关谚语的论著，就不难理解武先生的所做是因为对于谚语的情有独钟甚至是痴爱。还是从武先生的文字中体会吧："风土谚，是我们先民多少代人的情思，是对神州风采的讴歌和炎黄风情的礼赞；是广大的人民群众对乡土习俗、自然风貌、物华天宝、人杰地灵等事物现象认识的智慧概括。因而，它既是口碑载记的《民俗志》《地理志》和《名物志》，又是谚语形式的《风·雅·颂》，是画龙点睛的'志书'，是有句无章的'诗篇'，是'情''智'的结晶，'风''志'一体的文化瑰宝。作为出自田夫野老之口的'国风'，它自无文人笔下'大江东去，浪淘尽千古风流人物'的慷慨豪情，更无'垓下之围'那样形象生动、情节细腻的内容，然而，它在民族文化体系中，却是泥土香浓、民族性显、传承性久、感染力强的血型性或基因性的文化细胞。""本书编写的宗旨，就在于寄情风土谚以展现我们神州大地的紫陌红尘为目的，以弘扬民族的山魂水魄为题旨。集中华风土谚的精华，驰骋注释文字的笔墨，把本书集注成一卷激发人们爱国情思的《神州颂》，集注成一支召唤人民民族童心的《摇篮曲》，集释成一首歌颂乡土风情的《抒情诗》，集汇成一曲振奋民族精神的《大风歌》。"④

　　词汇学之外，修辞学是武先生喜爱和用力最多的又一研究领域。武先生曾任

---

① 武占坤、马国凡主编《汉语熟语大辞典》，河北教育出版社，1991。
② 武占坤主编《中华风土谚志》，中国经济出版社，1997。
③ 武占坤主编《中华风土谚志》，中国经济出版社，1997。
④ 武占坤主编《中华风土谚志》，中国经济出版社，1997。

华北修辞学会常务理事、河北省修辞学会会长。武先生对于修辞研究的着眼点是方法论的探究，这是需要有广阔的学术视野和足够高的站位才能够驾驭的课题。武先生集中在其专著《汉语修辞新论》和《修辞的方法论》《"平中求曲"是语言修辞的方法精髓》等几篇文章中探究了修辞方法论问题。武先生以哲学方法论为总指导，提出修辞方法的精髓是"辩证语用"。他说："修辞，是人们语用上的美学行为。它是以逻辑的真、伦理的善为基础，以深切语旨为轴心，以深切语境为机制，以'辩证语用'为方法论，以实现言语的优美、得体为'中介'目的，最终实现提高表情达意效果的终旨而运转的一种言语活动。……修辞语用，要求语言能通过艺术美的'中介'，最终达到提高语言表情达意的效果，所以仅仅是'辞达而已'不行，还要'辞美'。在方法上，就要求利用'辩证语用'的规律，突破常规语用。所以超常语用的方法，就反映了修辞语用的'质'的不寻常性——即艺术语用。"① 武先生进一步阐释辩证语用的实现要"以变、选、调、炼为具体方式的综合手段、组合方法"②，"变、选、调、炼"，就是"变异""优选""调整""锤炼"，武先生强调以上"诸方式的横向组合"③，认为这是"修辞的中层方法"。

武先生既是一位修辞学研究者，同时又是一名修辞语用的践行者。武先生的文章是生动的、活泼有趣的，古典名著、历史故事、典故遗闻、格言俗谚，武先生信手拈来，例如下面这段文字："修辞是对主观能动性要求很高的艺术实践。主观能动性，即语用的创造力，创造性是美的依托，也是方法的灵活所在，所以同一方法在不同人的手里就产生不了 1+1 必定等于 2 的效果，可能大于 2，也可能小于 2，同一题旨，由不同人表达起来，美的高下，就可能千差万别。故而修辞重个人的艺术素质和修养。例如晋宰相谢安用'下雪'的比喻考查他一些子侄的才情，他的侄琰回答说'撒盐空中差可拟'，他的兄女谢道韫回答说"未若柳絮因风起"，显然后一个比喻有诗意，就因为谢道韫比谢琰的才情高。"④ 这段文字以就同一本体，出于不同语用者的两个喻体所构造的比喻，在两相对照中说明"修辞是对主观能动性要求很高的艺术实践"。武先生从来不以高高在上的姿态去讲修辞理论，而常常从读者身边事谈起，颖慧者读之或可顿悟，鲁钝者经由细细品味渐可触类

---

① 张莉主编《武占坤文集·卷四》，河北教育出版社，2018，第346页。
② 张莉主编《武占坤文集·卷四》，河北教育出版社，2018，第343页。
③ 张莉主编《武占坤文集·卷四》，河北教育出版社，2018，第343～344页。
④ 张莉主编《武占坤文集·卷四》，河北教育出版社，2018，第344～345页。

旁通。你可以通过武先生的这段文字来体味文中所要讲的事理，"文章的语言修辞，尚藏景，文章的阅读欣赏贵曲路，文章的文思，要想能引人入胜，也要贯彻一个'曲'字，或有波澜跌宕的逻辑力量，或有错综复杂的故事情节，或有悲欢离合的感情纠葛。曲折就是矛盾。矛盾的发展，就是逻辑论证、故事情节、感情纠葛的展开，矛盾的高潮，就是最能动人心弦，造成悬念的文思。旧的矛盾解决了，新的矛盾又跟上来，文思像滚滚的波涛，读者才能有'心潮逐浪高'的阅读情趣。俗话说：'不杀杨广不煞戏，杀了杨广没戏看。'杨广戏中如果没有矛盾斗争的曲折情节，一开戏就把杨广拉出来砍了，那还有什么戏好看。所以，'曲'是文章从形式到内容，从表达到阅读一以贯之的生命力。"① "辩证语用"具体化就是"平中求曲"，武先生说："'曲'是具有普遍意义的美学范畴，它既是美的本质论的元素，也是美的方法论的精髓。语言修辞的讲究，就是对'语音平板''语味平淡''语貌平常''语用平凡''语感平庸'的自然形态，进行'平中求曲''寓平于曲'的加工。就是在'平常中求超常''在平庸中求神异'，在'平淡中求情趣'，在'平板中求漪澜'，达到曲线美的目的。"② 武先生进一步揭示曲笔之法的审美原理，"对读者来说，也是'不塞不流，不止不行'的哲理的化身。人们阅读意识的最佳状态，恰恰是个'以塞求流，以止促行'的过程"。③ 总结武先生的修辞方法论，即强调语言修辞活动就是选择处理"平"与"曲"的辩证关系。

武先生一生著述丰富，共出版独立著作 4 部，发表学术文章 32 篇；与他人合著著作 5 部，合作学术文章 22 篇（其中 21 篇为第一作者），主编熟语、谚语辞典及教材等 11 部。武先生在其自传中自我戏谑自谦说："本人兴趣广泛，酷爱兴之所至做学问，课题既杂，研究又浅尝辄止，故而无'专'可言，无'业'可据，终至老大无成，两手空空，一肩明月，两袖清风，十足一个'妙手空空儿'也！"

武先生的这句自我戏谑之语，在我读来却是别有一番滋味上心头。我想绝大多数不认识不了解武先生的人看到上段我所列举的一个个数字，想到的形象可能就是一个学者，但作为武先生的学生，我在整理编辑武先生文稿以及写这篇文字时，眼前时时浮现的却是一位老者的一幕幕情景画面。先生的著作，其时间跨度逾 50 年，始自 1956 年，终于 2009 年。2009 年是武先生去世之年。武先生于 1988 年罹患脑出血，之后即半身不遂，可病患并没有让先生的学术思考停止过。细数

---

① 张莉主编《武占坤文集·卷四》，河北教育出版社，2018，第 280~281 页。
② 张莉主编《武占坤文集·卷四》，河北教育出版社，2018，第 277 页。
③ 张莉主编《武占坤文集·卷四》，河北教育出版社，2018，第 279~280 页。

著作年表，先生的 74 种著作之中，有 3 部专著、39 篇文章是在其患病的 20 余年间完成的，即使是在他因病去世的 2009 年，他还有 3 篇独立著作的论文发表。

我所理解的武先生，其生活最大的喜乐系于学术。其生前最在意的莫过于想把自己的学术心得写下来传递于学术同好。这也便是在退休之后，在晚年已经全无名利挂碍的时候，武先生抱残躯仍笔耕不辍，甚至在 20 世纪 90 年代经费紧张学术著作出版困难的情况下，他甘愿自己掏退休金去出版著作的原因。我印象中的导师，是定格在他那个特有的工作场景之中的。那是一个先生专坐的沙发，面前是他写作专用的一张高低与茶几相仿的单人课桌。先生俯着身子，用他那只健康的右手翻看资料、写字。这一沙发一小桌即是武先生晚年著作完成的条件。晚年时，先生在家中生活离不开人照顾需要请保姆了，不同于一般人家，雇用保姆时看重的是做饭、洗衣、照顾病人等家务处理的能力，武先生的首要条件却是保姆须有一定的文化水平，能够帮助他抄抄写写，做他写作时的助手。武先生晚年的一些著作，有的便是他口述，保姆记录，再经武先生阅读修改所完成的。在患病的 20 余年里，武先生体现了一名学者的可贵品格，他以常人难以想象的毅力始终致力于学术研究，生命不息，治学不止，不，应该说是：生命不息，战斗不止！

师恩永不忘。1987 年我本科毕业考取了河北大学社会科学研究所现代汉语专业硕士研究生，师从武先生，我成了一个语言学学习者。1990 年 6 月毕业，我到河北大学中文系工作，从此成了一名高校语言学专业教师。武占坤先生"引导我步入语言学研究领域，并一直关心着我的学业发展"，此处我使用引文形式标记的这句话是我写在我的专著《现代汉语多义词新探》"后记"里的一句话，这句话可以集中概括武先生与我的语言学学习研究生活之关系。1990 年我毕业后留在母校工作，因为同在一个家属区生活，特别是后来我与武先生家前后楼居住，我也因此拥有了能够常去拜见导师的方便，现在回忆起来，虽已然记不得每次与导师见面所谈具体内容，但每次所谈定是语言学学问无疑。在我的印象中，武先生生活里对于衣食所求甚少，而做学问是从未疏离的内容，这也表现在先生对我学业的关心里，我初参加工作时所发表的几篇文章可以说都是武先生督着我写出来的，我的每一篇文章都跟武先生请教过，都得到过武先生的具体指教。先生对我学业的关心实际上就是对我的鞭策，2000 年我萌生了考博的想法，当时我已是 35 岁，孩子小、教学工作重，顾虑重重，我到武先生家跟他说考博的打算，先生当时那欣喜的样子我至今难忘。后来，就联系考博的导师、将来的博士论文选题等重大问题，武先生都给予了我很大的帮助。在我们这代人的情感里，是那句老话所说的"师徒如父子""一朝为师，终生为父"，武先生关心关注他每一个弟子的成长，他所给予我们学业的关心与支持，如父予子，无私无求。武先生目光远大，积极鼓励，以具体行动支持弟子们在工作后继续深造，2000 年前后，我们同门六人先后考取了博士研究生，这其中有着先生的鼓励鞭策之功。

师恩深厚，无以为报，只有纪念。2015 年学院领导交给了我整理武占坤先生著作交付出版的任务，也给了我一个机会纪念我的导师。

2015 年学院刘金柱院长先是通过电话跟我沟通此事，院长电话里说你先考虑考虑接受不接受这个任务。说实话，在偏重以课题、论文为高校教师业绩考核目标的今天，我接受这个工作明显是不合时宜的，这不是写一篇文章，熬几天就能见东西，它是一个耗时耗力的工作。但是这个工作的承担者舍我其谁？这样一个纪念与告慰导师的机会一旦失去还会再有吗？再者，学院领导有此决策，以整理出版老一辈专家学者著作的方式，致敬曾为文学院创造过辉煌历史的前辈们，不正是回首学院发展来时路的最好方式吗！此举可谓是讲述河北大学文学院历史的最佳设计啊！能够参与其中、为此做些工作是我莫大的荣幸啊！两天后，我回复刘院长承担此任务。

之后的三年时间里，在常规工作之余，我的时间便投入了收集整理武先生著作的工作中。首先，这个工作得到了武先生子女的大力支持，先生的女儿武弋定居美国，我俩的联系多是通过电子邮件完成的，2018 年暑假期间她回国探亲，其间专程到保定与我见面。文集的整理出版，得到了武先生的儿子武戈的具体协助，他从武先生的大量藏书中把先生的著作及刊载有武先生论文的刊物寻找出来，从天津把一大箱子书寄给我。感谢我们今天所处的这个网络时代，它使我能够尽量全面收集到武先生的著作，特别是 20 世纪五六十年代武先生所发表的文章。

这篇文字缘起于整理编辑出版《武占坤文集》，今年恰值先生去世十周年，纸短话长，谨以此文和《文集》遥祭长眠于白山黑水的武占坤先生！

征稿函

《燕赵文化研究》由河北大学文学院主办，每年出版两辑，刊发文稿强调思想性、学术性与可读性并重。设有燕赵文史、理论思想、域外博览、莲池书苑、访谈随笔等栏目（各辑略有调整）。本刊以发表燕赵文化研究最新成果为主，欢迎海内外专家学者不吝赐稿。注释引文请作者逐条核对。稿件中涉及版权部分，请事先征得原作者或出版者之书面同意，本刊不负版权责任。具体稿件要求及说明如下。

一　投稿要求

1. 来稿文责由作者自负，文章发表后版权归本刊所有。未经许可不得转载。

2. 来稿请用 WORD 格式，按附件形式电邮至本刊投稿专用邮箱，并注明作者姓名、性别、工作单位、职称、通信地址、联系电话、E-mail 等。

3. 文章篇幅以 5000~10000 字为宜，另每期可发表长篇稿件（2 万~4 万字）一篇或两篇。

4. 本刊编辑将在两个月内就来稿采用与否或修改意见答复作者。文章如经本刊采用，不可再投他刊。

5. 来稿正式刊出后，本刊将赠送作者该辑二册，并根据情况支付相应稿酬。

二　来稿格式

1. 本刊论文皆为简体，请作者务必提交简体定稿。

2. 论文标题请用小三号宋体。论文题目之下请标作者姓名、单位、职称、主要研究领域。论文摘要、关键词，皆用五号楷体字，摘要 150~300 字，关键词 3~5 个。正文用小四号宋体字。

3. 长篇引文用小四号楷体，左右缩进两个字符。

4. 注释形式为页下脚注，小五号宋体，以①②……格式标注，每页重新编号。范例如下。

①罗宗强：《明代文学思想史》，中华书局，2013，第 95 页。

②（宋）朱熹：《朱子语类》卷一百三十七，中华书局，1986，第 3273 页。

③（汉）扬雄：《扬雄集校注》，张震泽校注，上海古籍出版社，1993，第86 页。

④马自力：《语录体与宋代诗学》，《北京大学学报》（哲学社会科学版）2010年第 5 期。

⑤〔美〕布龙菲尔德：《语言论》，袁家骅等译，商务印书馆，1980，第 355 页。

⑥Harold Bloom，*The Visionary Company*：*A Reading of English Romantic Poetry*，Rev. Ed.，New Haven：Cornell University Press，1971. p. 461.（外文专著，最前面有中文的此处应用中文句号，否则用英文句号，下同）

⑦Jeremy Hawthorn ed.，*Criticism and Critical Theory*，London：Edward Arnold，1984. p. 112.（外文编著）

⑧Harold Bloom，"Jewish Culture and Jewish Memory（文章标题），"*Dialectical Anthropology*（期刊名称），1983（10）.（外文期刊）

三　投稿和联系方式

投稿信箱：353799181@ qq. com

投稿时请注明：《燕赵文化研究》稿件

联系电话：15369238016

联系人：高永

通信地址：河北省保定市七一东路河北大学新校区 B5 座 509 室《燕赵文化研究》编辑部　高永（收）

邮编：071000

《燕赵文化研究》编辑部

图书在版编目(CIP)数据

燕赵文化研究. 第 2 辑 / 河北大学文学院编. -- 北
京 : 社会科学文献出版社, 2020.1
ISBN 978-7-5201-6031-5

Ⅰ.①燕… Ⅱ.①河… Ⅲ.①文化史-河北-丛刊
Ⅳ.①K292.2-55

中国版本图书馆 CIP 数据核字(2020)第 014456 号

燕赵文化研究 第 2 辑

编　　者 / 河北大学文学院

出 版 人 / 谢寿光
责任编辑 / 杜文婕
文稿编辑 / 李　伟

出　　版 / 社会科学文献出版社 (010) 59367143
　　　　　地址: 北京市北三环中路甲 29 号院华龙大厦　邮编: 100029
　　　　　网址: www.ssap.com.cn
发　　行 / 市场营销中心 (010) 59367081　59367083
印　　装 / 三河市东方印刷有限公司

规　　格 / 开 本: 787mm × 1092mm　1/16
　　　　　印 张: 10.75　字 数: 191 千字
版　　次 / 2020 年 1 月第 1 版　2020 年 1 月第 1 次印刷
书　　号 / ISBN 978-7-5201-6031-5
定　　价 / 88.00 元